九步成商
为创业者量身打造的
创业指南

洪焕宇◎著

中国财富出版社有限公司

图书在版编目（CIP）数据

九步成商：为创业者量身打造的创业指南／洪焕宇著．－－北京：中国财富出版社有限公司，2024.10．－－ISBN 978－7－5047－8241－0

Ⅰ．F241.4－62

中国国家版本馆 CIP 数据核字第 20242KS503 号

策划编辑	郑晓雯	责任编辑	郑晓雯	版权编辑	李　洋
责任印制	荀　宁	责任校对	卓闪闪	责任发行	董　倩

出版发行	中国财富出版社有限公司		
社　　址	北京市丰台区南四环西路 188 号 5 区 20 楼	邮政编码	100070
电　　话	010－52227588 转 2098（发行部）	010－52227588 转 321（总编室）	
	010－52227566（24 小时读者服务）	010－52227588 转 305（质检部）	
网　　址	http：//www.cfpress.com.cn	排　版	宝蕾元
经　　销	新华书店	印　刷	宝蕾元仁浩（天津）印刷有限公司
书　　号	ISBN 978－7－5047－8241－0/F·3741		
开　　本	880mm×1230mm　1/32	版　次	2025 年 1 月第 1 版
印　　张	7.875	印　次	2025 年 1 月第 1 次印刷
字　　数	170 千字	定　价	52.00 元

版权所有·侵权必究·印装差错·负责调换

自序 preface

长久以来，在与朋友们的深入交流中，有两个话题总是反复出现："想要创业，却不知从何下手，该怎么办？""为什么我看好的项目，一做就容易失败呢？"

回望我的创业之路，从 2004 年还未走出校门、满怀激情却初尝失败的青涩时光，到如今的 2024 年，已满二十年。

起初，我以为创业只需饱含激情、奋勇拼搏，便能顺利实现自己的目标。然而，现实却让我经历了无数的挫折与挑战，一次次跌倒，又一次次咬紧牙关重新爬起来。

永不放弃成为我最坚定的信念。

这一路的披荆斩棘与历练，虽然艰辛，却也让我收获了更多。我渐渐明白，创业原来并非无章可循，它有着自己的轨迹和规律；创业也不是仅凭一腔热血就能成功，更需要正确的方式和方法。

那么，对于想要创业或正在创业路上摸索的你，希望以下几点建议能为你提供帮助。

1. **自我审视与定位**

（1）明确初心与目标：深刻洞察自己的创业原动力，知晓个人兴趣、专长、可用资源及风险容忍度。

（2）进行全面的自我评估：综合考量个人能力、过往经验及现有资源，进行精准的自我定位。

（3）掌握入门技巧：借助高效的工具和框架，快速提升创业基础能力。

2. 筛选创业项目并进行市场调研

（1）项目选择：运用科学工具，精准锁定创业项目，确保市场导向准确。

（2）深入市场调研：细致剖析目标市场，确保自己的创意切实击中痛点，满足市场需求。

（3）竞争分析与定位：精确定位自身优势，分析对手，探索细分市场，避免同质化竞争。

3. 构建商业模式

结合市场调研数据，精心设计具有可行性的商业模式，即确定自身能为顾客提供的核心价值是什么，这包括商业模式底层设计和商业模式顶层设计。

4. 应用模型进行可行性推演

（1）项目验证：通过模型推演验证项目的可行性，及时调整方向以避免不必要的损失。

（2）风险管理：识别项目潜在的风险和瓶颈，并寻找解决方案。

5. 规划创业路线

制订商业计划：编撰全面的商业计划书，内容覆盖市场、运营、财务及成长策略等,预设应对挑战的预案。

6. 筹措资金

(1) 财务预算:制定详尽的财务预算,明确成本、收入和资金需求。

(2) 资金来源:确定资金来源,包括自有资金、贷款或投资者支持等。

7. 组建与管理团队

(1) 团队组建:寻找技能互补、目标一致的团队成员,共同构建一个团结协作的团队。

(2) 团队管理:掌握有效的团队管理方法,平衡团队和后续发展的需求。

8. 处理法律与行政事务

(1) 合规经营:完成公司注册,确保经营活动合法合规,并妥善处理税务和知识产权事宜等。

(2) 法律顾问:在必要时寻求专业法律顾问的帮助,预防潜在的法律风险。

9. 制定市场推广与销售策略

(1) 营销策略:制定并执行营销策略,运用数字营销、社交媒体等手段提升品牌知名度。

(2) 销售渠道建设:建立有效的销售渠道,直接与潜在客户接触并促成销售。

10. 持续学习并适应市场

(1) 行业洞察:持续关注行业动态,学习新知识和技能,以适应市场的变化。

（2）反馈与优化：建立反馈机制，不断优化业务模式和运营策略。

上述建议是基于常见的创业场景。每位创业者的背景、项目和认知都有所不同，因此，具体的实施策略也会有所差异。本书将提供更多的创业技巧和实用案例，为大家开启创业的新篇章。

洪焕宇

2024 年 8 月

前言
foreword

《九步成商》是一本为创业者量身打造的实用指南，深入浅出地阐述了创业的核心要素和成功之道。它不仅教会我们如何洞悉创业规律、领悟成功方法，更引导我们建立坚不可摧的心智堡垒，将科学的管理、有效的商业模式及高维战略思维融会贯通。有了这本书的指引，我们能够减少摸索中的失败，创造出更大的价值，从而更顺畅地踏上成功之路。

成功的创业并非空中楼阁，更非无谋的豪赌，而是需要脚踏实地、虚心学习的过程，做到未雨绸缪。我们必须沉下心来，寻找那些隐藏在表象之下的成功阶梯，同时敏锐地规避前行中的风险，这样才能稳步提升自己的创业成功率。

在战略层面，我们需要对自己和项目有深入的了解和透彻的分析，精准把握方向，精心组建团队，广泛挖掘资源，高效吸引投资。同时，我们还要时刻保持警觉，对潜在的风险有充分的预见和应对。

在战术层面，我们需要选择适合自身的商业模式、营销策略和管理模式，这些至关重要。我们需要以战略性的眼光来审视项目，用精湛的技巧和卓越的效率来推动项目的执行，逐步揭开成功法则的神秘面纱。

在执行层面，我们既不能高估自己的能力，也不能低估来自市场的挑战。我们需要打造一支执行力出众、意志坚定的精英团队，运用"降维打击"的思维模式，巧妙地借助各种外部力量，以迅雷不及掩耳之势抢占市场先机，最终赢得辉煌的胜利。

全书的精髓凝聚在九个字之中："望""挖""验""复""创""思""行""悟""净"。这九个字如同九把金钥匙，为我们解开了通往成功之门的奥秘。

1. "望"

"望"汲取了中医的精髓"望、闻、问、切"，并将其巧妙地融入创业的各个环节。"望"的核心在于如何更好地了解自己，充分认知自身优缺点。同时，"望"也强调了选择的重要性，在行业、项目、市场、人才和模式等方面都需要精准的判断和独到的眼光。

2. "挖"

"挖"意味着我们需要对在"望"的过程中所识别的问题，进行深入的调查、研究、分析和评估。在创业过程中，我们必须保持谨慎的态度，避免冲动行事。只有深入挖掘，我们才能找到适合的项目并布局。

3. "验"

"验"如同一面照妖镜，检验我们在"挖"的环节获得的结论。在这里，"验"强调的是通过反复的推演与试点实践来检验项目的可行性和解决潜在的问题。在这个过程中，我们需要具备试错和修正的能力，以确保项目的顺利推进。

4."复"

"复"指通过复盘纠正错误，使项目在成长期中得以复制和扩大经营。我们可通过复盘开启低风险创业之路。

5."创"

"创"指解放思想，打破常规，掌握创新的精髓，秉持以客户为中心的理念，创造企业新生态。

6."思"

"思"代表了一种坚定不移的态度和多维度的战略思维。作为创业者，我们不仅要展现出顽强的毅力和卓越的抗压性，还必须拓展思维的广度和深度，这涉及以下几个关键方面。

第一，换位思考。我们需要从不同角度和立场考虑问题，理解他人的需求和观点，从而在决策中考虑到更广泛的利益相关者。

第二，交换思维。在合作中，我们不仅要关注自己的利益，还要寻求与合作伙伴之间的互惠互利，通过交换资源和知识来共同创造价值。

第三，利他思维。我们需要将他人的利益放在首位，通过为他人提供价值和服务来建立信任关系和良好的声誉，这有助于我们构建稳固的长期合作关系。

第四，多元化合作。我们需要认识到不同背景和专业的价值，通过与不同领域的合作伙伴结盟，共同探索新的机遇和解决方案。

通过这些思维方式，创业者可以更好地应对复杂的商业环境，应对挑战，并与合作伙伴一起实现目标，获得成功。

7."行"

"行"字有三层含义。

第一，"行"表示行动，我们要有强有力的执行力；

第二，"行"表示行家里手，我们要在短时间内成为领域的专家；

第三，"行"表示肯定与赞赏，我们要善于发现并吸收一切有益的经验，为团队所用。

8."悟"

"悟"则是历经沧桑后的深刻思考和智慧结晶。我们要懂得谦虚、低调和内敛，不膨胀、不张扬，以便在创业道路上继续探索与成长。

9."净"

"净"代表的是一种大隐隐于市的境界。在这个浮躁的社会中，我们要学会净化心灵、虚怀若谷，方便利他。同时，"净"意味着保持内心的清净与智慧。

那么如何理解九步成商大模型（见图1）？

首先，我们要透彻地理解九步成商大模型中涉及的九个关键字。

例如，"望"是九步成商大模型的眼，通过"宏观（趋势）+微观（行业）+显微镜放大（发现问题）"，充分了解

前 言

图 1　九步成商大模型

自己，了解行业、了解项目，实事求是，利用好工具进行查漏补缺。

其次，九步成商大模型的每个关键字都不是独立的存在，它需要与其他关键字进行多元化组合应用。

例如，"望""挖""验"的组合应用。

"望"指充分了解自己，从而选择适合自己的项目；"望"也指充分了解行业，罗列适合自己的项目清单，进行科学的调查与分析，避免"自嗨型"创业最后导致失败。

结合"挖"的要领，调查分析各种导致失败的因素，并提出切实可行的解决方法。比如，怎么构建企业顶层设计？怎么设计适合市场、适合自身的商业模式？采用什么工具辅助自己快速突破？

当构建好公司顶层设计，设计好适合的商业模式后，需要应用"验"字，进行商业推演或小范围的实验，验证项目与

005

商业模式的可行性。这是通过多环境、多角度的推演或小范围试点，找问题、优化、再验证的过程。

再次，通过方法论"思"与"行"，在思想上、意志力上、行动力上，结合"复"的要领反复研究、练习、应用，再到提升。

最后，随着心境的不断变化，我们会打开枷锁、放下包袱，找到客观规律，变得从容、自在，成为自己最想成为的样子。

洪焕宇

2024 年 10 月

目　录
contents

第一篇　招式

第一章　"望" ············· 003
- 01 | 借助工具"显微镜"，找定位 ············· 005
- 02 | 借助工具"木桶原理"，找不足 ············· 013
- 03 | 借助工具"放大镜"，选行业 ············· 017
- 04 | "望"，找机会 ············· 026
- 05 | 站在巨人的肩膀上，远眺未来 ············· 030
- 06 | 以前瞻性的眼光，把握未来 ············· 032
- 07 | 借助工具"望远镜"，看趋势 ············· 034

第二章　"挖" ············· 037
- 01 | 深挖成功的底蕴 ············· 039
- 02 | "无痛式"创业的智慧 ············· 041
- 03 | 创业者失败的主要原因有哪些？ ············· 043

- 04 | 如何建立一家相对可靠的企业？ …… 056
- 05 | 创业前需要准备什么？ …… 077
- 06 | 创业工具推荐 …… 082

第三章 "验" …… 123
- 01 | 蛛网阵模型 …… 125
- 02 | 九步成商沙盘推演模型 …… 133
- 03 | 变现为王 …… 141
- 04 | 九步成商投资法则 …… 148

第四章 "复" …… 151
- 01 | 复盘之路：总结过去，启迪未来 …… 153
- 02 | 复制成功的核心引擎——优化流程管理的艺术 …… 163
- 03 | 如何通过复盘开启低风险创业之路？ …… 168

第五章 "创" …… 173
- 01 | 创新：冲破思想枷锁，重塑企业生态 …… 175
- 02 | 创新：勇于探索，开辟新路线 …… 177
- 03 | 创新：以用户为核心，巧施加减法的艺术 …… 179

第二篇　心法

第六章　"思" ················· 187
01 | 创业思维，胸怀全局，手中有"术" ········ 189
02 | 思维高度，决定事业高度 ············ 192
03 | 降维打击思维——打破市场格局 ········ 195
04 | 与人合作，不予竞争的思维 ·········· 196

第七章　"行" ················· 199
01 | 除了实干，一切都是假的 ············ 201
02 | 身先足以率人，律己足以服人 ········· 203
03 | 做事要有轻重缓急，让时间变得更加高效 ··· 205
04 | 成为行家里手：专才与通才的创业之道 ···· 207

第三篇　心境

第八章　"悟" ················· 213
01 | 凡人开悟：胸怀若水，创业路上把握分寸 ··· 215
02 | 三个字让我想了三年，受用一生 ········ 216
03 | 吵架 ······················ 217
04 | 幸福 ······················ 219

第九章 "净" 221
　01 | 境·境——创业者的心路历程 223
　02 | 九步成商四重境界 227
　03 | 提升境界的辅助道具 229

致　谢 232

第一篇 招式

本篇将通过"望""挖""验""复""创"五章，详细阐述创业者如何从零开始，经历自我认知、资源挖掘、沙盘推演、优化复盘及创新引领的完整过程。

"望"：深入探索自我与项目，精准选择，学习创业之道，审视并弥补不足，把握时机，审慎决策。

"挖"：高效利用工具，选定适合自身的发展路径，深入剖析失败缘由，精心构建商业模型，寻求多元化、全方位的合作机会。

"验"：进行自我评估，推荐实用的商业推演模型，灵活运用九步成商沙盘推演模型与蛛网阵模型，打造稳健的商业体系，以规避风险，实现稳定盈利。

"复"：实施有效复盘，持续优化项目，不断提升其可复制性与成功率。

"创"：以用户需求为核心，敏锐发现市场机遇，勇于开辟新路径，巧妙运用加减法策略，实现突破性发展。

第一章
"望"

"望"

01

借助工具"显微镜",找定位

为了使未来的创业之路更加清晰,减少失败的风险,我们需要借助一些像显微镜一样的工具来深入认识自我、剖析自我。这些工具能够协助我们探寻自身的价值所在,通过系统地收集信息,可以更精准地评估自己的能力与潜力,进而为自己找到更明确的定位。

只有清晰地认识到自己在市场和职业领域中所处的位置,才能有针对性地规划未来的前进路线。无论是精心策划创业蓝图,还是审慎做出职业选择,我们都能做到胸有成竹,泰然处之。

下面借助个人价值塑造模型与自我管理体系模型,解决"我想成为怎样的人"和"我怎样成为想成为的人"的问题。

一、个人价值塑造模型

个人价值塑造模型如图 1 所示,包括以下内容。

(1)个人资源:包括个人经验、学历证书、专业技能、家族人脉。

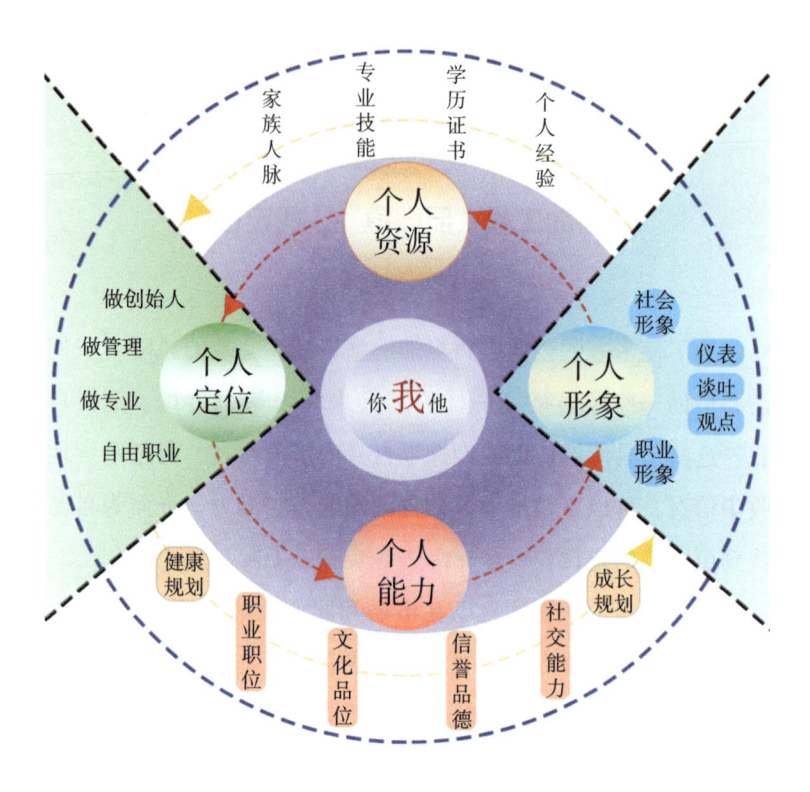

图1　个人价值塑造模型

（2）个人定位：包括做创始人、做管理、做专业、自由职业。

（3）个人能力：包括健康规划、职业职位、文化品位、信誉品德、社交能力、成长规划。

（4）个人形象：包括社会形象和职业形象，如仪表、谈吐、观点。

个人价值塑造模型的应用包括以下内容。

（1）个人资源。我们可通过个人资源的罗列，找出对自己有用的信息。这里的资源不仅限于自身人脉资源，还包括通过转介绍或间接取得的人脉资源。

（2）个人定位。我们可根据自身的能力特点，如专业技能、领导力、团队合作能力等，规划自己的职业生涯，包括做创始人、做管理、做专业、自由职业。

（3）个人能力。我们可通过自己的职业生涯规划，建立自己的社交关系网，通过时间的积累与沉淀，用负责、担当、诚信待人等方式，打造出自己的个人定位。比如自我销售能力。自我销售是指能够有效地展示自己的价值和能力。我们要掌握这项能力，就要学会讲故事，学会讲自己的成就、技能、经验和体会等；同时，要培养良好的倾听习惯，这能够帮助我们更好地理解他人，建立信任关系。

（4）个人形象。明确自己的社会形象与职业形象，提升言行举止、仪表、信誉度等，对他人保持礼貌和尊重的态度，获得他人的认可。

通过个人价值塑造模型的应用，我们能清晰地看到自己已拥有哪些，还缺少哪些，这有利于我们快速地找到人生的定位与目标。

二、自我管理体系模型

自我管理体系模型如图 2 所示。

该模型是对个人价值塑造模型的提升。自我管理体系模型突出的是对自我的剖析，除了罗列自身优势，更看重的是对自身不足的深刻挖掘。

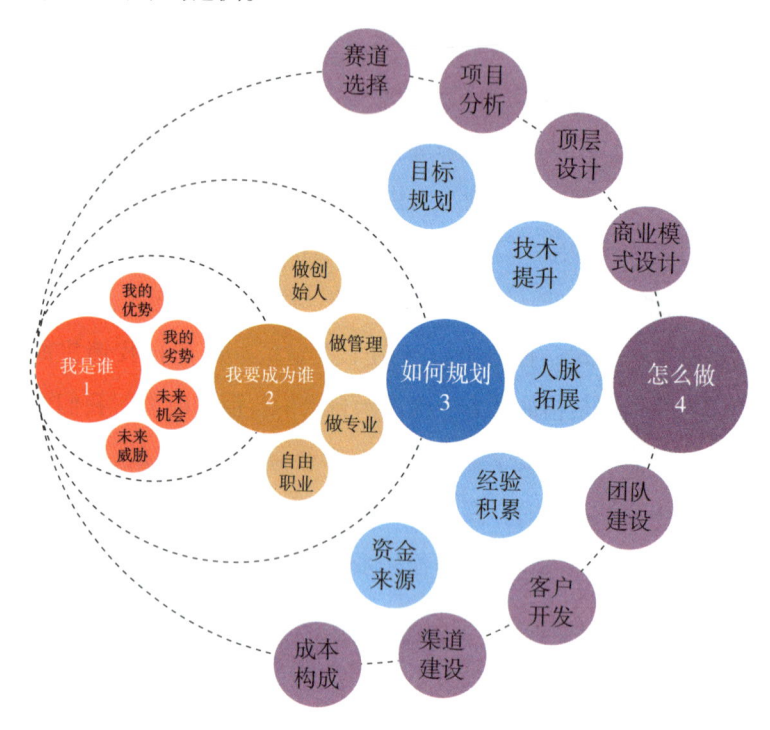

图 2　自我管理体系模型

我们要如何应用自我管理体系模型呢？

1. 知晓"我是谁"

每个人都有自己优缺点，通过"我是谁"的发问了解自己的优势、劣势、机会与威胁。

（1）优势。

技能与专长：列出自己在专业领域或通用技能上的强项，

如技术能力、沟通能力、解决问题的能力等。

经验与成就：回顾过去的工作或学习经历，总结自己取得的具体成就和积累的经验。

个性特质：发掘、分析自己的性格特点，如自律、具备创造力、具备领导力等。

（2）劣势。

技能不足：识别自己在哪些方面需要改进，比如缺乏某些关键技能或知识。

经验缺失：思考自己在哪些领域经验不足，可能需要更多的学习或实践。

个人限制：考虑可能影响自己发展的个人因素，如时间管理问题、自信心不足等。

（3）机会。

外部趋势：分析当前市场、行业或技术趋势，看看有哪些新兴机会可以利用。

职业发展：考虑自己的职业路径，识别可能的晋升机会或转行机会。

学习资源：寻找可以提升自我、学习新技能的课程、研讨会或网络资源。

（4）威胁。

竞争压力：评估自己所在领域或职位的竞争情况，识别潜在的竞争者。

市场变化：考虑经济、技术或政策变化可能对自己职业地位产生的影响。

个人挑战：识别可能影响自己职业发展的个人挑战，如健康问题、家庭责任等。

2. 想清楚我要成为谁

在个人价值塑造模型中，我们已经对个人定位，我要成为谁（做创始人、做管理、做专业、自由职业）的问题做了分享。那么怎样成为更好的自己？这时候就需要进行自我管理。自我管理是指有效地管理时间、计划、情绪和资源，包括以下内容。

身先足以率人：使自己成为他人的榜样，通过自己的行为来激励和领导他人。

律己足以服人：遵守规则和原则，通过自律来赢得他人的尊重。

量宽足以得人：展现宽容和理解的态度，接受和包容他人的不同观点和错误。

3. 明晰如何规划

规划的内容包括目标规划、技术提升、人脉拓展、经验积累、资金来源等。下面就目标规划展开分析。

第一，目标规划应具明确性与具体性。目标必须是具体的，能够清晰地传达期望的结果。避免使用模糊或宽泛的表述，如"我要成功"或"我要变得更好"，而应具体化为"我要在一年内提升销售额××%"或"我要在接下来的×个月内完成××项目的开发"等。

第二，目标规划应具可衡量性。目标应能被量化或衡量，以便跟踪进度和评估成果。可将具体数据作为衡量标准，如销售额、市场份额、客户满意度等。同时，要确保目标的结果是可观察的，以便能够客观地评估目标是否达成。

第三，目标规划应具可实现性。目标必须是在一定条件下可实现的，避免设定过高或过低的目标。同时，要考虑企业或个人当前的能力、资源和限制。

第四，目标规划应具相关性。确保目标与企业的长期愿景和使命保持一致，以及与个人或组织的整体发展战略相吻合。同时，考虑目标与市场环境、竞争态势、企业内部运营等众多内外部因素的协调性，确保目标既符合市场需求又具有竞争优势。

第五，目标规划应具时限性。为目标设定明确的完成期限，以增强紧迫感，提高工作效率。期限应根据目标的复杂性和所需资源来合理设定。可将长期目标分解为阶段性小目标，以便更好地跟踪进度和调整策略。

4. 怎样做

包括赛道选择、项目分析、顶层设计、商业模式设计、团队建设、客户开发、渠道建设、成本构成等。以下从团队建设展开分析。

第一，明确团队目标和愿景。我们需要先明确企业的长期愿景和使命，这是团队共同奋斗的方向和目标。然后根据愿景，设定短期和长期的具体目标，这些目标应该具有可衡量性、可达成性和时限性。

第二,寻找并招募合适的团队成员。团队成员之间应具备不同的技能和专长,以便在创业过程中形成合力。技术、市场、财务、法务等方面的人才都是不可或缺的。团队成员的价值观应与企业核心价值观相契合,这有助于增强团队的凝聚力和向心力。

企业应通过面试和评估了解应聘者的专业技能、工作经验、团队合作能力和个人品质,确保招募到合适的人才。

第三,制定团队规则和管理制度。根据团队成员的专长和企业的业务需求,明确各自的职责和分工,避免工作重叠和冲突。制定合理的奖惩制度,以激励团队成员积极工作,对失职行为进行惩罚。同时,建立有效的沟通机制,确保团队成员之间的信息畅通无阻。这可以通过定期召开团队会议、使用即时通信工具等方式实现。

第四,培养团队精神和凝聚力。向团队成员传达共同的目标和使命。激发团队成员的创新精神,鼓励他们在工作中不断尝试新的方法和思路。组织团建活动,增强团队成员之间的交流和互动,培养默契和信任。

第五,注重团队成长和发展。为团队成员提供必要的培训和发展机会,帮助他们提升专业技能和综合素质。设立明确的晋升机制,让他们能看到自己的发展前景和机会。关注员工的福利待遇和工作环境,确保他们能够在舒适的环境中积极工作。

第六,保持团队的灵活性和适应性。密切关注市场变化和行业趋势，及时调整团队结构和策略以适应市场需求。鼓励团队成员保持开放的心态和思维方式，勇于接受新事物和挑战传统观念。

根据业务发展和团队成员的表现持续优化团队结构，确保团队始终保持高效和活力。

自我管理体系模型强调了自我认识、目标设定和行动实施的重要性。它要求我们不仅要清晰地认识自己，还要有明确的目标和可行的计划。通过这种方式，我们可以实现个人价值的最大化。对于创业者而言，这意味着需要不断地自我提升，敏锐地捕捉市场机会。

02

借助工具"木桶原理"，找不足

木桶原理提示我们，一个人的能力水平往往受限于其最薄弱的环节。个人成长需要不断地发现并解决自身缺陷，这要求我们保持不断学习的态度，不断提升自己的知识和技能。

在创业过程中，技术、经验、资金、人脉、变现渠道等几个关键要素出现短板，会导致创业失败的可能性增加。因此，我们可以通过学习补齐短板，甚至将短板转变为长板，从而提升自己的整体竞争力。

那么如何找到短板？

第一，调整心态。人无完人，我们需要主动认清自身的不足。

第二，采取措施。我们需要向合作伙伴、家人、良师益友等请教，虚心听取他们的意见和建议。这不仅能够帮助我们更好地认识自己，还能够加强彼此之间的沟通和信任。

下面以缺少人脉为例，将木桶原理应用归纳如下。

第一，向上社交——高人指教。

这些人是人脉网络中的核心，他们可能是各领域的专家、企业家或具有丰富经验的前辈。与他们建立联系，我们不仅能得到宝贵的建议和指导，还能打开更多的机会之门。

第二，平行社交——水平交流。

与同一水平的人交往，可以互相学习、共同成长。他们可能和我们有着相似的经历、能力和目标，和他们保持紧密的联系，能够在共同进步中建立深厚的情谊，在遇到困难时互相帮助。

第三，向下社交——查漏补缺。

他们也许目前能力不如自己，但每个人都有自己的潜力和特长，我们不仅可以帮助他们提升能力，而且能从他们的成长中找到自己的价值。

第四，定期更新名单。

人脉关系是动态的，随着时间和情境的变化，某些人的价值也可能发生变化。因此，建议每隔一段时间就对自己的名单进行审视和更新，确保自己的人脉资源始终是最有价值的。

图 3 是结识人脉导图。

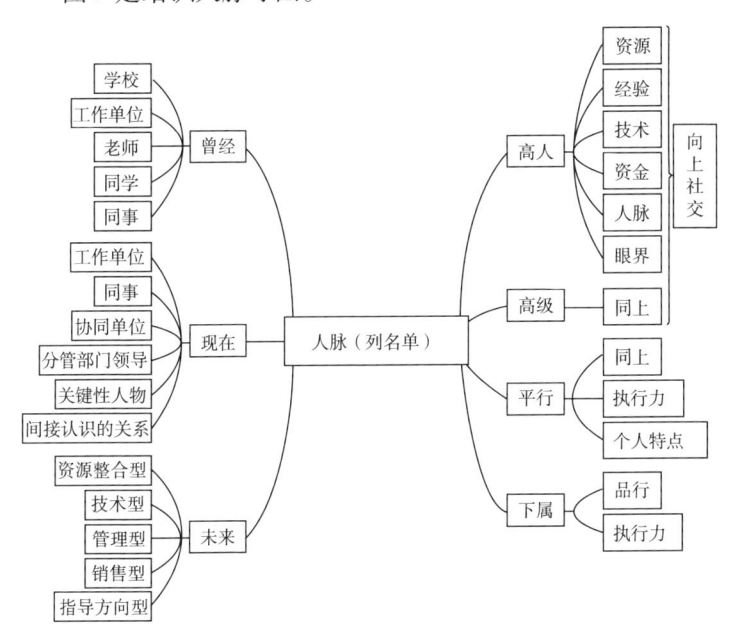

图 3　结识人脉导图

创业过程中的人脉来源方式如下。

第一，个人经历与背景。

教育背景：同学、校友、老师等可以成为人脉资源。

工作经历：上司、下属以及行业内的合作伙伴等。

第二，社交活动。

行业会议与展览：参加相关行业的会议和展览，可以结识同行业人士，交流经验和资源。

社交聚会：各类社交活动，如晚宴、派对等，也是结识新朋友、拓展人脉的好机会。

第三，网络平台。

社交媒体：如利用微博、微信等社交媒体平台，可以方便地结识和联系各行各业人士。

专业论坛：参与行业内的论坛和在线讨论组，可以结识志同道合的专业人士。

第四，创业社群与组织。

创业孵化器与加速器：这些机构通常提供培训、指导和资源对接，是结识其他创业者和投资者的好地方。

行业协会与商会：加入相关的行业协会或商会，可以接触到行业内的权威人士和潜在的合作伙伴。

第五，主动建立联系。

冷邮件与冷电话：主动给目标人士发送邮件或打电话，介绍自己的项目并寻求合作机会。

共同兴趣与爱好：通过共同的兴趣爱好或社会活动结识新朋友，这些关系有时也能转化为商业合作。

第六，口碑与推荐。

个人品牌与声誉：建立良好的个人品牌和声誉，吸引他人主动寻求合作。

他人推荐：通过现有人脉的推荐，结识新的潜在合作伙伴或投资者。

第七，志愿服务与公益活动。

参与志愿服务和公益活动，不仅可以回馈社会，还能结识有相同价值观的人士，其中可能包括潜在的合作伙伴。

03

借助工具"放大镜",选行业

选择创业项目就像选择人生伴侣,我们不仅要对自己有深刻的认识,还要对市场有敏锐的洞察。九步成商择业模型比较适用于创业者在创业初期选择创业项目(见图4)。

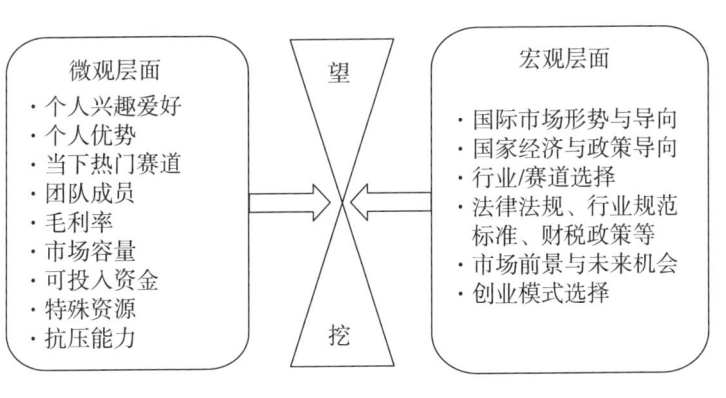

```
┌─────────────────┐           ┌─────────────────────┐
│   微观层面       │    望     │    宏观层面          │
│ ·个人兴趣爱好    │           │ ·国际市场形势与导向   │
│ ·个人优势        │           │ ·国家经济与政策导向   │
│ ·当下热门赛道    │    →  ←   │ ·行业/赛道选择       │
│ ·团队成员        │           │ ·法律法规、行业规范   │
│ ·毛利率          │           │  标准、财税政策等     │
│ ·市场容量        │           │ ·市场前景与未来机会   │
│ ·可投入资金      │           │ ·创业模式选择         │
│ ·特殊资源        │    挖     │                      │
│ ·抗压能力        │           │                      │
└─────────────────┘           └─────────────────────┘
```

图4 九步成商择业模型

1. 微观层面:根据个人条件设定

(1)个人兴趣爱好。

我们需要先明确自己的兴趣所在,然后去思考如何将兴趣转化为商业机会,比如喜欢旅行可以考虑开民宿或提供旅行规划服务。

（2）个人优势。

我们需要分析自己在技术、管理、市场等方面的专长和经验。选择与自身优势相匹配的项目，这样可以提高创业成功率。例如，技术专家可以选择技术驱动型项目，市场营销专家则更适合从事品牌推广和服务。

（3）当下热门赛道。

我们需要了解当前市场的热门赛道，如人工智能、生物科技、新能源等。虽然热门赛道的机会多，但竞争也激烈，所以需评估自身实力和市场容量，避免盲目跟风。

（4）团队成员。

我们需要了解团队成员的技能和经验，确保团队具备执行项目所需的能力。组建团队时，要注重成员间的优势互补，以便更好地应对创业过程中的各种挑战。

（5）毛利率。

我们需要通过市场调研和数据分析，了解不同行业的毛利率水平。在符合个人兴趣和优势的前提下，优先选择毛利率较高的行业，以确保项目的盈利潜力。

（6）市场容量。

我们需要通过市场调研评估目标市场的规模和增长潜力，选择市场容量足够大、增长潜力显著的项目，以确保项目的长期发展。

（7）可投入资金。

我们需要根据自身的资金状况，合理规划创业项目的预算。在预算范围内选择适合的创业项目，避免因资金不足而导致项目失败的情况发生，或者选择"无痛式"创业项目等。

（8）特殊资源。

我们需要分析自身或团队拥有的特殊资源，如专利、独家渠道、特定领域的深厚人脉等。利用这些特殊资源，选择能够最大化资源价值的创业项目。

（9）抗压能力。

抗压能力是衡量一个人在逆境面前能否从容应对、坚韧不拔的重要标尺。培养高强度的抗压能力，意味着要学会与不确定性共舞，将每一次跌倒视为重新站起的契机，将每一份挫败转化为前进的动力。唯有那些能够不断自我激励，勇于面对并克服重重困难，坚持到最后一刻的创业者，方能见到胜利的曙光。

2. 宏观层面：大环境条件与客观因素

（1）国际市场形势与导向。

我们要关注全球经济形势、贸易政策、技术进步等宏观因素，了解国际市场的最新动态和发展趋势；研究国际市场对特定产品或服务的需求情况，评估市场潜力和增长空间；同时，分析国际市场上的竞争格局，了解主要竞争对手的优势和劣势，以及潜在的市场进入壁垒。

（2）国家经济与政策导向。

我们要关注国家宏观经济状况、经济增长速度、产业结构等，评估经济环境对创业项目的影响，并深入研究国家及地方的经济发展状况；同时，确保创业项目符合国家法律法规和行业规范标准，避免潜在的法律风险。

（3）行业/赛道选择。

我们要结合国际市场形式和国家政策导向，识别具有发展潜力的热门赛道。在热门赛道中选择具体的细分领域，根据市场需求和自身条件进行精准定位。同时，评估所选行业的可持续发展能力，包括技术进步、市场需求变化等因素对行业的影响。

（4）法律法规、行业规范标准、财税政策等。

我们要确保创业项目遵守国家法律法规和行业规范标准，建立健全的合规体系；并充分利用国家财税政策优惠，降低创业成本，提高盈利能力；同时，注重知识产权保护，申请相关专利、商标等，保护自身创新成果。

（5）市场前景与未来机会

基于市场调研和数据分析，我们要预测未来市场需求的变化趋势。关注新技术、新材料的研发和应用，寻找技术创新带来的市场机会。也要考虑多元化市场布局，降低单一市场风险，提高项目的抗风险能力。

（6）创业模式选择。

做补充：针对现有市场的不足或空白，提供补充性产品或服务。

做服务：依托自身技术优势或资源优势，提供专业化的服务解决方案。

做产品：自主研发创新产品，满足市场需求，打造核心竞争力。

做技术：专注技术研发和创新，为行业提供技术支持和解决方案。

做模式优化：对现有商业模式进行优化和创新，提高运营效率和盈利能力。

案例分享

蜜雪冰城从微观到宏观的全面考量

蜜雪冰城，这个如今家喻户晓的饮品品牌，其创业之路充满了智慧的决策。从微观到宏观，蜜雪冰城都进行了全面的考量，这也为其成功奠定了坚实的基础。

1. 微观角度：根据个人条件设定

（1）个人兴趣爱好与优势。

蜜雪冰城创始人张红超从小对创业充满热情，尽管早期尝试养鹦鹉、养兔子、种中药材等项目均以失败告终，但他从未放弃对商业的探索。在郑州求学期间，他敏锐地发现了冷饮市场的潜力，这成为他创业兴趣的起点。

张红超在创业过程中展现出了强大的市场洞察力和执行力。他通过自学提升学历，并在打工期间积累了丰富的销售经验，这些经历为他后来的创业奠定了坚实的基础。此外，他善于从失败中汲取教训，不断调整经营策略，这也是他个人优势的重要体现。

(2) 热门赛道与市场趋势。

在决定创业时,张红超密切关注了市场的热门赛道,他发现即便是月收入低于1000元的人群,也有对高品质饮品的需求,尤其是新茶饮领域。随着人们生活水平的提高和消费观念的变化,新茶饮市场正呈现出蓬勃的发展态势。因此,他决定投身这个行业,开设一家具有特色的饮品店。

(3) 团队成员与特殊资源。

在创业过程中,张红超与弟弟张红甫以及后续引入的职业经理人共同组成了强有力的团队,推动了蜜雪冰城的发展。此外,他还充分利用了自己和团队拥有的特殊资源,如独特的饮品配方、优质的原材料供应渠道等,为蜜雪冰城的产品质量和口感提供了有力的保障。

(4) 毛利率与市场容量。

在选择创业项目时,张红超还非常注重毛利率和市场容量。他通过市场调研和数据分析,了解了不同行业的毛利率水平,并优先选择了毛利率较高的饮品行业。同时,他也对目标市场的规模和增长潜力进行了评估,确保所选项目具有足够大的市场容量和显著的增长潜力。

(5) 可投入资金与预算规划。

在创业初期,张红超曾面临资金短缺的困境。幸运的是,他得到了奶奶的支持,获得了启动资金。这笔资金虽然不多,但对于当时的张红超来说至关重要。他根据自己的资金状况合理规划了创业项目的预算，并在预算范围内选择了适合的创业项目，这使他在创业过程中能够规避资金不足导致的项目失败的风险。

2. 宏观角度：大环境条件与客观因素

（1）国际市场形式与导向。

虽然蜜雪冰城主要面向国内市场，但张红超在创业过程中也关注了国际市场形势。他了解了全球经济形势、贸易政策等宏观因素，以及国际市场对饮品的需求情况和竞争格局，这为他制定国内市场策略提供了有益的参考。

（2）国家经济与政策导向。

张红超还深入研究了国家及地方政府的创业政策、产业扶持政策、税收优惠政策等。他充分利用这些政策优惠，降低了创业成本，提高了盈利能力。同时，他也尽可能确保创业项目符合国家法律法规和行业规范标准，避免了潜在的法律风险。

（3）行业/赛道选择与可持续性分析。

在选择具体行业时，张红超结合了国际市场形势和国家政策导向进行了深入分析。他选择了具有发展潜力的饮品行业，并在其中找到了具体的细分领域——新茶饮。同时，他也对所选行业的可持续发展能力进行了评估，确保了项目的长期稳定发展。

（4）法律法规、行业规范标准与财税政策。

在创业过程中，张红超建立了健全的合规体系，确保了创业项目的合法合规。他还非常注重知识产权保护，申请了相关专利和商标等。

（5）市场前景与未来机会以及创业模式选择。

张红超对市场前景进行了深入的预测和分析。他关注了新技术、新材料的研发和应用，以及市场需求的变化趋势。在此基础上，他选择了适合的创业模式——自主研发创新产品，并提供专业化的服务解决方案。这使蜜雪冰城能够在市场竞争中脱颖而出，实现快速发展。

3. 成长周期角度

我们再从蜜雪冰城的成长周期角度来分析。

（1）初创期：从街头小摊到品牌命名。

1997年，蜜雪冰城的创始人张红超在郑州街头摆起了冷饮摊，主营刨冰冷饮，这是蜜雪冰城的前身——"寒流刨冰"。

初创期，虽然由于选址不当、市场竞争激烈以及城市拆迁等原因，张红超的刨冰店多次面临困境。但他凭借坚韧不拔的精神，不断尝试和调整，最终在2000年正式启用"蜜雪冰城"这一品牌名称。

（2）成长期：定位明确，产品创新。

蜜雪冰城从一开始就明确了其市场定位——专为年轻人打造的新潮冰淇淋与茶饮。这一定位使蜜雪冰城在竞争激烈的市场中找到了自己的差异化优势。

在产品方面，蜜雪冰城不断进行创新。后来，张红超瞄准市场商机，研制出定价仅2元的冰淇淋，这一"极致"的价格策略让蜜雪冰城爆火。此后，蜜雪冰城又推出了多款性价比高、口感独特的产品，如3元冰淇淋、4元柠檬水等，深受消费者喜爱。

（3）扩张期：加盟模式与供应链搭建。

为了快速扩大市场份额，蜜雪冰城开启了加盟事业。通过标准化的管理和运营模式，蜜雪冰城吸引了大量加盟商加入，门店数量迅速增长。至今，蜜雪冰城的门店数量已突破2万家。

随着门店数量的增加，蜜雪冰城意识到供应链的重要性。为此，蜜雪冰城开始着手搭建自己的供应链体系。2013年，河南大咖食品有限公司成立，实现了蜜雪冰城核心原料的自产化。随后，蜜雪冰城又建立了完善的仓储物流体系，确保了原材料的稳定供应和成本的有效控制。

（4）品牌升级与国际化。

近年来，蜜雪冰城不断进行品牌升级和形象重塑。2018年，蜜雪冰城正式启用新的品牌形象——雪王，这一可爱的IP形象迅速成为蜜雪冰城的标志性符号。同时，蜜雪冰城还通过举办各种活动、推出联名产品等方式提升品牌知名度和美誉度。

在稳固国内市场的同时，蜜雪冰城还积极开拓海外市场。目前，蜜雪冰城已在日本等国家开设门店，未来还将继续拓展国际市场版图。

蜜雪冰城的创业之路是一个从微观到宏观全面考量的过程。张红超在创业过程中充分发挥了自己的兴趣爱好和优势，选择了具有市场潜力的热门赛道和行业细分领域。同时，他充分利用了团队成员的特殊资源和国家的政策优惠等客观因素。这些因素共同构成了蜜雪冰城成功的基石。

04
"望"，找机会

"顺势而为，借力出海，明智选择"，这句话提醒我们，在商业竞争中要善于观察和利用外部环境，选择合适的策略和资源，以实现企业的快速发展。这需要我们不仅要有扎实的业务能力，还需要具备敏锐的市场洞察力和灵活的战略调整能力。

九步成商"望"字图解，如图 5 所示。

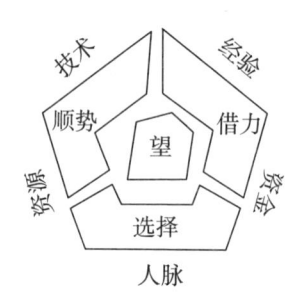

图 5　九步成商"望"字图解

从创业者的角度，根据自身的实际情况选择某一项目创业时应该注意以下几点。

（1）经验。

经验（如创业、管理）是创业者的宝贵财富，能帮助创业者更好地应对挑战、做出明智的决策，并有效管理企业。而这需要创业者有一定的积累。例如，通过实习、工作、参加志愿服务或参与创业项目等方式，创业者可以积累宝贵的实践经验。此外，阅读创业相关的书籍、文章和进行案例研究，也能提供有益的理论知识和实践经验。

（2）技术。

技术（如核心竞争力、知识产权保护、技术迭代能力）对于创业成功至关重要。掌握行业相关技术，能帮助创业者开发创新产品、优化运营流程，并获得竞争优势。例如，华为、大疆等企业都拥有自己的核心技术。

（3）资源。

资源是创业过程中不可或缺的元素，包括物质资源（如设备、场地）和非物质资源（如知识、信息、人力、渠道）。有效整合和利用资源，能帮助创业者更高效地推进项目。例如，创业者可以通过市场调研、合作伙伴关系和网络等途径来获取所需资源。同时，应学会合理规划和分配资源，以确保资源利用最大化。

（4）人脉。

人脉（创业合伙人、合作伙伴、导师、顾问、投资机构、金融机构等）是创业者成功的关键因素之一，能为创业者提供宝贵的商业机会、合作伙伴和潜在客户。例如，创业者可以通过参加行业活动、加入专业组织、利用社交媒体平台等方式来拓展人脉。同时，应注重维护已有的人脉关系，通过真诚交流和互助合作来加深彼此的了解和信任。

（5）资金。

资金是创业过程中不可或缺的资源，用于支持企业的研发、生产、营销等各个环节。充足的资金储备能帮助创业者更好地应对市场变化和风险挑战。例如，创业者可以通过自筹资金、向亲友借款、申请银行贷款或寻求投资者支持等方式来筹集资金。在筹集资金的过程中，创业者需要制订详细的财务计划，并展示项目的盈利潜力和市场前景，以吸引投资者的关注和支持。

（6）顺势。

第一，顺应行业趋势。我们应深入研究所在行业的发展趋势，包括技术革新、消费者行为变化、政策导向等。例如，当前数字化转型、可持续发展、健康意识提升等全球性趋势为企业提供了转型和创新的方向。企业应紧跟这些大趋势，调整战略方向，开发符合未来市场需求的产品或服务。

第二，顺应市场需求之势。我们应通过市场调研了解目标客户群的痛点、需求，以及客户需求未被满足的领域。再利用大数据、社交媒体等工具进行分析，获取实时的消费者反馈，快速响应市场变化。顺应市场需求，这不仅能增加产品或服务的吸引力，还能开拓新的市场空间。

第三，顺应宏观环境之势。我们应关注全球经济、政治、社会、文化等宏观环境的变化，评估它们对企业经营的影响。比如，在经济下行周期应寻找成本优化和防御性投资的机会，在经济上行期则应更积极地拉拢投资、扩展企业经营规模。同时，我们对国际关系、地区政策变动也要保持敏感，以便及时调整供应链和市场布局。

（7）借力。

第一，借产业的力。借助产业链中的优势资源，与上下游企业合作，形成协同效应。这不仅可以降低成本、提高效率，还能增强企业在整个产业链的竞争力。

第二，借资本的力。通过融资、投资等方式，借助资本的力量加速企业的发展。资本的力量可以用于扩大企业规模、提高技术水平、加强品牌建设等方面。

第三，借政府的力。借助政府的政策和资源，为企业的发展提供支持和保障。这包括了解和利用各种政策、获取政府的资源和项目支持等。

（8）选择。

第一，选择行业，"望""挖"结合。应深入了解不同行业的发展动态，包括增长率、市场规模、消费者需求等。分析行业的未来发展方向，评估其潜力和可持续性。研究行业内的竞争格局，了解排名靠前的企业及其市场份额，确定自己的定位。

第二，选择团队，"望""挖"结合。应积极寻找具有专业技能和潜力的人才，评估他们的能力和适配度。在组建团队时，注重成员之间的互补性和协同能力，确保团队能够高效运作。为团队成员提供成长空间和机会，鼓励他们不断学习和提升，在适当时机引进"高手"。

第三，选择资源，"望""挖"结合。应了解各种资源的分布和获取途径，包括资金、技术、信息等。密切关注资源的变化和发展趋势，及时调整资源获取策略。通过有效地整合和管理，将不同资源转化为竞争优势和增长动力。

第四，选择人脉，"望""挖"结合。可采用"列名单"的方式，评估自己现有的人脉网络，了解哪些人可以为自己提供支持和帮助。了解人脉的需求和兴趣，寻找共同点，建立更深层次的联系。不断结交新朋友和合作伙伴，拓展人脉的广度和深度。

05

站在巨人的肩膀上，远眺未来

综观历史，我们如同站在巨人的肩膀上，远眺未来。这不仅是一种对先贤智慧的崇高致敬，更是我们对未知世界的勇敢探索。每一次科技的飞跃，都是人类对自身潜能的挖掘，对未来的无限憧憬。那么，如何更好地利用巨人的肩膀呢？

（1）前人的智慧：照亮道路的灯塔。

站在巨人的肩膀上，首先意味着我们能够借助前人的智慧。这些智慧如同灯塔，照亮我们前行的道路。在创业的旅程中，我们不必搞原始发明，而是可以学习那些已经被证明有效的商业模式和战略。通过研究成功案例，我们可以避免许多常见的陷阱，同时激发自身的创新灵感。

（2）借助工具：提升效率的加速器。

在当今这个信息爆炸的时代，借助工具是站在巨人肩膀上的另一种体现。先进的技术工具和平台，如云计算、大数据分析、人工智能，都是现代创业者的得力助手。它们不仅可以帮助我们提高工作效率，还能让我们快速获取和分析市场数据，从而做出更明智的决策。在创业的道路上，工具是巨人的手臂，帮助我们更快速地触达更广阔的领域。

（3）快速学习：适应变化的钥匙。

创业是一场不断学习和适应的旅程。站在巨人的肩膀上，意味着我们需要快速学习新知识、新技能，以适应不断变化的市场环境。通过在线课程、研讨会、行业交流，我们可以迅速吸收新知，提升自己的专业能力。

（4）借力打力：资源整合的艺术。

在创业过程中，借力打力是一种智慧的体现。它要求我们不仅要有能力创造资源，更要懂得如何整合和利用现有资源。无论是通过合作伙伴关系，还是通过战略联盟，我们都可以借助外部力量来增强自己的竞争力。

（5）对未来的判断：预见未来的洞察力。

站在巨人的肩膀上，也意味着我们需要具备对未来的判断力。这种洞察力让我们能够预见市场趋势，把握行业发展的脉搏。通过对宏观经济、社会变革、技术进步的深入分析，我们可以预测未来可能出现的机遇和挑战。

站在巨人的肩膀上，我们不仅要敬畏和感激那些为我们铺路的先贤，更要勇敢地承担起自己的责任，用我们的智慧和勇气去创造一个更加美好的未来。

06

以前瞻性的眼光，把握未来

科技的每一次进步，都是对现有成果的继承与超越。正如凯文·凯利在其著作《5000天后的世界》中所描绘的充满创新与变革的未来图景那样，尤其是在人工智能（AI）与增强现实（AR）技术的融合方面。凯文·凯利提出了"镜像世界"这一概念，预示着在不久的将来，现实世界与数字世界将实现无缝对接，形成一个高度交互和沉浸式的环境。

在"镜像世界"的兴起中，我们将会见证物理世界与虚拟世界的深度融合，一切都与人工智能紧密相连。这不仅意味着我们的日常生活、工作、娱乐甚至教育都将被深刻改变，更预示着社会结构和人类行为模式的革新。

技术的发展不仅是工具的更新，它更将成为社会结构的一部分，影响我们的行为模式、沟通方式和社会组织。智能手机和社交媒体已经跨越国界，对全球经济和政治产生了深远的影响，而这种趋势将会加速，可能使科技巨头如谷歌、苹果、脸书和亚马逊等企业的影响力达到左右国际社会命运的程度。

亚洲的崛起，尤其是中国的地位日益重要，预示着世界经济和文化的重心可能进一步东移。亚洲振兴阶段的到来，将伴随着新的商业机遇和社会变革，为全球发展注入新的活力。

随着物理与虚拟现实的融合，新的工作平台和组织形式将应运而生。这可能会打破传统的企业结构，催生出更灵活的工作模式等，对劳动市场以及人们工作与生活的平衡产生重大影响。

以前瞻性的眼光把握未来，需要用到"两只眼睛"。

第一只眼睛：生命、安全、价值、便利、信用、流量、需求等。

第二只眼睛：能源、人工智能、生命科学、新质生产力、虚拟世界等。

我们不仅要遥望未来，更要积极地参与未来建设。通过不断创新和适应，我们可以共同创造一个更加智能、互联和个性化的未来，让科技的光芒照亮人类前行的道路。

07

借助工具"望远镜",看趋势

随着时代的车轮滚滚向前,我们用"望远镜"来洞察商业世界的变迁,可以清晰地看到其发展脉络和趋势。

(1)商业1.0时代。

回到最初的交易场景,商业活动简单直接——货物交换、流通。这个时期,市场的核心是信息和价格的不对称,稀缺性激发了需求。只要能抓住机会,无论是开设商铺还是开展海上贸易活动,都很容易获得利润。

(2)商业2.0时代。

进入20世纪90年代,大众的品牌意识开始觉醒,消费者开始追求产品之外的品牌价值。品牌的力量超越了产品本身,成为盈利的关键。

(3)商业3.0时代。

进入21世纪,电商的浪潮席卷而来,彻底改变了我们的购物方式。供求关系的平衡被打破,微利时代到来。电商平台的兴起,让竞争变得异常激烈,商业开始回归产品的本质。

(4)商业4.0时代。

2015年后,直播带货兴起,开启了直播经济的新篇章。

网络意见领袖、网红、明星等流量巨头,利用他们的个人魅力,将粉丝经济推向了新的高度。然而,这个舞台虽然光彩夺目,但也异常拥挤,资源往往集中在少数人手中。

(5) 商业 5.0 时代。

互联网思维与实体世界的融合,催生了商业 5.0 时代。线上与线下不再是孤立的,而是相互促进的。资源整合成为新战略,企业之间的跨界合作、共享经济的生态,正在重塑商业版图。

(6) 商业 6.0 时代。

展望未来,人工智能和大数据的结合,以及信誉体系的建立,正在塑造商业 6.0 时代的轮廓。技术与信任的结合,使流量不再仅依赖个体的影响力,而是通过智能化分析,精准匹配目标用户需求。信誉将可能成为新的货币,推动商业向更高效、更个性化的方向发展。

通过以上分析,我们可以看到商业模式的不断演变和升级,每个时代都有其特点和独特的机遇。在未来的商业旅程中,我们需要不断适应和把握这些变化,以迎接新的挑战和机遇。

第二章
"挖"

"挖"

01

深挖成功的底蕴

历史上，无数杰出的企业家白手起家，凭借勇气和智慧，在看似贫瘠的土地上播下梦想的种子。他们之所以能够成功，是因为他们懂得如何在资源有限的情况下，通过自我提升和深入的市场研究，找到成功的路径。以下是创业成功的规律与要素。

（1）从零起步的勇气。

成功的企业家通常都是从一无所有开始的，他们敢于冒险，勇于尝试。

（2）自我提升。

在不断变化的市场环境中，持续学习新知识和技能，提升个人能力是关键。

（3）市场研究。

深入了解行业趋势、客户需求和市场缺口，为创业决策提供坚实的基础。

（4）竞争对手分析。

通过分析竞争对手的优势和弱点，找到差异化的切入点。

（5）资源利用。

在资源有限时，学会最大化利用现有资源，包括人脉、信息和技术。

（6）知识体系构建。

通过学习和观察，构建自己的知识体系，为做出明智决策打下基础。

（7）创新思维。

不断创新产品和服务，以满足市场需求并超越竞争对手。

（8）风险管理。

识别潜在风险并制定应对策略，减少不确定性的影响。

（9）团队建设。

组建一个有共同目标的团队，团队成员的互补能力尤其重要。

（10）持续迭代。

根据市场反馈持续优化产品或服务。

（11）资金管理。

合理规划和使用资金，确保企业有足够的现金流。

（12）客户关系。

建立和维护良好的客户关系，提供优质的产品和服务。

（13）法律合规。

确保企业运营符合法律法规，避免不必要的损失。

（14）适应变化。

具备快速适应市场和技术变化的能力。

（15）坚持与耐心。

创业过程充满挑战，需要坚持不懈和耐心等待。

这些要素相互关联，共同作用于创业过程，帮助创业者在竞争激烈的市场中站稳脚跟并取得成功。正如史蒂夫·乔布斯所说："保持饥饿，保持愚蠢。"让我们以开放的心态，迎接创业的每一次挑战。

02

"无痛式"创业的智慧

建议选择低风险或"无痛式"创业项目作为起点。这意味着要聚焦那些初始投入较小、灵活性高且易于调整的领域。例如，利用互联网平台提供咨询服务、开发数字产品或从事内容创作等。这些项目通常能够以较低的成本启动，并随着业务的发展再逐步扩大规模。这种方式不仅能让我们在实践中领略市场运作的奥秘，还能在较为轻松地应对财务压力的同时，积累宝贵的创业经验。

一、"无痛式"创业的选择范围

（1）互联网平台。可利用社交媒体、博客或其他在线平台提供专业咨询服务。可选择开发和销售数字产品，如电子书、在线课程、软件应用等。可进行内容创作，比如撰写文章、制作视频或录制播客节目等。

（2）电子商务。无须开设实体店面，可通过电商平台销售实物商品。同时，可考虑采用代销模式，即无须自己存储，直接由供应商发货。

（3）服务行业。可选择提供家庭维修、清洁、园艺等上门服务，也可选择提供个人品牌服务，如私人教练、心理咨询、营养咨询等。

（4）创意产业。可选择提供图片设计、插画、摄影等视觉艺术服务，也可选择提供文学创作、剧本编写等创作服务。

二、"无痛式"创业的方式方法

（1）市场调研。应分析目标市场的趋势、客户需求和竞争对手情况，并了解潜在客户的痛点和需求点，以便更好地定位产品或服务。

（2）成本控制。应优先考虑那些不需要大量初始投资的项目，可选择使用共享办公空间或在家办公以降低租金成本。

（3）灵活性。应选择那些可以根据市场需求灵活调整的业务模式。初始阶段可以选择兼职创业，以便更好地平衡财务风险。

（4）技术利用。应充分利用互联网工具和技术来推广产品或服务，利用社交媒体和内容营销吸引客户。

（5）客户反馈。应积极收集客户反馈，根据反馈调整产品或服务。

同时，建立一个反馈循环机制，不断改进用户体验。

三、"无痛式"创业的准备条件

(1)个人兴趣与专长。应选择与自己兴趣爱好相匹配的领域,这样更容易保持热情和持久力。同时,发挥自己的专业优势,提供独特价值。

(2)市场需求。应寻找市场上尚未得到充分满足的需求点,并关注新兴市场趋势,把握未来发展方向。

(3)可扩展性。应考虑业务模型是否容易扩大规模,在业务模型设计初期就应考虑到未来增长的可能性。

(4)资金状况。应根据自身财务状况选择合适的创业项目,并制订合理的财务计划,确保现金流稳定。

(5)法律合规。应确保业务开展遵守当地法律法规。如果涉及特定行业的许可证,应提前办理相关手续。

通过上述建议,创业者可以在降低创业风险的同时,逐步建立起自己的事业。重要的是要保持耐心,不断学习,并勇于尝试,积累宝贵经验,这样才能在创业旅途中不断前进。

03

创业者失败的主要原因有哪些?

想成功,必先了解失败。失败往往是通往成功的桥梁,关键在于每次跌倒后都要吸取教训，深入剖析失败的原因，是策略失误、执行不力，还是对市场的误判？这些反思将为我们积累宝贵的经验，避免在未来重蹈覆辙。以下是创业失败的几种关键原因。

一、知识与技能的匮乏

创业者常常怀着满腔热情，却忽视了系统性学习的重要性。创业不只是灵感和激情的火花，更是策略和实践的结合。没有经过专业培训或深入研究市场规律，仅凭一腔热血闯入商海，就像是在没有灯塔的夜晚航行，极容易迷失。因此，系统性学习管理、市场营销、财务管理等基础知识是每位创业者在踏上创业征程前必须完成的功课。

案例分享

刘强东的饭店创业经历

1998 年，刘强东在北京中关村开了一家小餐馆，当时他还是中国人民大学的一名学生。

当时的刘强东面临以下挑战。

第一，缺乏管理经验。作为一名学生，刘强东在企业管理、财务管理等方面缺乏实战经验。

第二，缺乏监督机制。由于缺乏管理经验，刘强东对员工过于信任而没有建立有效的监督机制。这导致餐馆财务状况混乱，最终导致亏损严重。

第三，团队问题。刘强东的餐馆团队并没有形成共同的目标和价值观，员工更多地关注个人利益而非餐馆的整体利益。收银员和大厨谈恋爱，导致财务核对出现漏洞，而采购人员则不断抬高进货价格，从中牟利。

第四，创业者的专注度不足。由于刘强东当时还是学生，需要兼顾学业和其他兼职工作，他无法全身心投入餐馆的经营，这导致他对餐馆的管理不够专注、细致，无法及时发现和解决问题。

第五，决策失误。刘强东在开餐馆时没有进行充分的市场调查和背景调查，也没有对投资标的进行深入分析，导致决策失误。

第六，缺乏系统性的学习。刘强东后来反思，自己在创业初期缺乏对管理、市场营销和财务管理等基础知识的系统性学习，这是导致餐馆失败的重要原因之一。

二、决策缺乏科学依据

在信息爆炸的时代，盲目跟风成为创业失败的一大诱因。不少创业者依据旁人的只言片语或表面现象做出投资决策，如听闻奶茶店风靡一时便匆忙入场，结果往往事与愿违，资金打了水漂。真正的创业者应基于翔实的数据分析、严谨的市场需求评估以及自身的实际情况，做出科学合理的判断。

案例分享

奶茶店创业

王晓是一位年轻的创业者，看到市场上奶茶店生意火爆，决定也开一家奶茶店。在没有进行充分的市场调查和数据分析的情况下，王晓匆忙开店，最终发现周边已有太多竞争对手，而且目标客户群并不稳定。

以下是一些解决办法。

第一，进行市场调研。在开店前进行详细的市场调研，包括对目标地区的消费习惯、竞争对手情况以及潜在客流量的分析。

第二，进行数据分析。收集相关数据，如其他奶茶店的营业额、顾客评价等，利用这些数据来预测可能的收益和风险。

第三，小规模测试。在正式开店前，可以先通过快闪店等形式进行小规模测试，收集顾客反馈，调整产品和服务。

以上案例表明，创业者在做出投资决策时，应避免盲目跟风，而应基于市场数据、行业分析和自身实际情况进行科学决策。通过深入研究市场趋势、竞争对手和消费者需求，创业者可以降低风险，提高创业成功率。同时，合理的财务规划和营销策略也是创业成功的重要因素。

三、资源与条件的缺失

创业不是孤军奋战，它需要技术支撑、行业经验、充足的资源、广泛的人脉、高效的团队、充足的资金以及合适的商业模式等多方面条件的聚合。如果这些条件不足，则创业者应主动出击，通过网络课程、行业会议、实习实践等方式积极拓展；同时，应学会资源整合与合作，利用外部力量弥补自身短板，而非坐等条件成熟。

案例分享

张一鸣的早期创业经历

字节跳动原 CEO 张一鸣在大学期间就开始了他的创业之旅，他的第一次创业是开发企业的协同办公系统，但由于缺乏市场和资源，这次创业很快以失败告终。这是因为其缺乏对市场的深入了解和必要的资源支持。

以下是一些解决办法。

第一，在创业前进行系统的市场分析和需求评估。

第二，积极寻找合作伙伴和投资者，为创业项目提供必要的资源支持。

第三，创业者可以通过加入其他创业公司或参与项目合作来积累经验。

第四，利用在职期间的机会，学习行业知识，拓展人脉，为将来的创业做好准备。

第五，创业者需要有远见，能够洞察市场趋势和用户需求。

第六，即使面临多次失败，也要保持坚持和创新的精神。

张一鸣的创业经历告诉我们，创业成功需要多方面的条件支持，包括技术、经验、资源和市场洞察等。创业者应通过不断学习和实践，积累经验，提升自己的创业能力，并在合适的时机推出符合市场需求的产品或服务。同时，要坚持创新，即使面临失败也能从中吸取教训，不断前进。

四、思维模式的陈旧

在商业迭代迅速的今天，固守传统思维犹如逆水行舟。从商业1.0时代到商业5.0时代乃至商业6.0时代，市场环境发生了翻天覆地的变化。创业者必须具备前瞻性视野，快速适应新技术、新模式，否则将被时代洪流所淘汰。

案例分享

传统零售业转型

赵强经营着一家传统的实体书店，在电商和数字阅读的冲击下，书店的销售额逐年下滑。面对数字阅读趋势，赵强的思维仍然停留在传统的实体书店经营模式上。

以下是一些解决办法。

第一,进行数字化转型。可推出电子书销售服务,同时开展线上阅读社群活动。

第二,线上线下融合。可结合实体店的优势,举办作者见面会、读书分享会等活动,增加顾客互动体验,可参考"樊登读书"等。

第三,进行数据分析。可利用数据分析工具了解顾客喜好,个性化地推荐书籍。

第四,进行市场调研。了解目标客户的阅读习惯和偏好。

第五,进行技术应用。引入电子书阅读器和平板电脑,提供试读体验。

第六,开展社交媒体营销。利用社交媒体平台推广线上活动,吸引年轻读者。

创业者要克服思维模式陈旧的问题,快速适应市场变化,采用新技术和新模式来提升竞争力,从而在激烈的市场竞争中脱颖而出。

五、自身认知的模糊

缺乏准确的自身定位与自我评估,容易导致决策偏差。清晰地认知自身优势、兴趣所在以及能力边界,是合理制定战略的前提。同时,增强判断力,学会从众多信息中筛选出有价值的内容,对于避免盲目决策至关重要。

案例分享

创意工作室创业

张明是一位有着多年广告设计经验的创意人士，决定成立自己的创意工作室。可张明对自己的能力和兴趣点认识不清，不知道如何定位工作室的服务范围。

为了克服自身认知模糊的问题，创业者需要准确地定位自己的优势、兴趣和能力边界，并据此合理制定战略。具体可行的办法包括以下几点。

第一，进行自我反思与评估。定期进行自我反思，明确自己的长处和短处。

第二，市场调研与分析。通过调研了解目标市场的需求以及潜在客户的偏好。

第三，建立用户反馈机制。建立用户反馈机制，根据反馈调整产品和服务。

第四，持续学习与成长。通过在线课程、研讨会等方式不断提升个人能力和知识水平。

第五，进行跨界合作与资源整合。与其他领域的专家合作，利用外部资源弥补自身不足。

六、盲目扩张的陷阱

许多初创企业在取得初步成功后，急于扩大规模，忽视了可持续发展的基础。这种盲目的扩张往往伴随着管理混乱、资金链断裂等风险，最终导致企业陷入困境。例如，恒大集团破产，除了管理失误、市场环境变化、资金链断裂、副业惨败、债务危机、信任危机、经济犯罪，过度扩张也是主要原因之一（恒大采取了非常激进的扩张策略，涉足多个领域，如房地产、新能源汽车、足球俱乐部等）。这种多元化经营分散了公司的资源和精力，导致其难以有效应对各领域的挑战。

正确的做法是稳扎稳打，确保核心业务稳固后再逐步拓展企业经营范围，每一步都需谨慎规划，量力而行。

案例分享

胖东来

胖东来是一家知名的零售企业，以其优质的服务、丰富的商品种类和良好的顾客体验而闻名。在发展初期，胖东来也经历了快速增长的过程，但管理层始终保持了谨慎的态度。

在企业发展过程中，胖东来面临的主要挑战包括：第一，胖东来在河南本地市场已经建立了强大的品牌影响力，但对外扩张可能面临未知的市场风险；第二，快速扩张可能导致管理难度增加，服务质量下降，影响品牌形象；第三，有资金链断裂风险。快速扩张可能导致资金紧张，影响企业的正常运营。

以下是胖东来的一些应对方案。第一，胖东来采取了谨慎的扩张策略，通过与其他零售企业合作，输出管理和服务模式，而不是直接开设新店。第二，通过设立商业研究院，胖东来不断分享其经营哲学和管理经验，以此扩大影响力。第三，与其他地区的零售企业建立合作关系，提供管理咨询服务，帮助它们改善服务质量。第四，通过培训和教育，将胖东来的服务理念和管理模式在零售行业广泛传播。第五，保持对核心业务的关注，确保在扩张过程中不牺牲服务质量和员工福利。第六，稳扎稳打，采取逐步扩张的战略，确保每一步扩张都基于稳健的财务基础。第七，实施精细化管理，确保服务质量不受扩张的影响。第八，将保持良好的顾客体验作为企业发展的核心，不断提升服务质量。

胖东来通过合作和知识分享的方式，实现了品牌的软性扩张，既保持了品牌形象，又避免了快速扩张带来的风险。这种策略体现了胖东来对自身优势的清晰认识和对市场变化的敏锐洞察。

七、好大喜功的面子工程

很多创业者在创业之初，还没赚钱就开始"烧钱"，如讲究排场进驻高级写字楼，讲究办公环境过度装修，讲究福利待遇重金用人，搞形式主义等。

案例分享

某初创科技公司的策略调整

初创科技公司 A 是一家专注开发智能家居设备的企业。

在获得了一轮天使投资后，创始人决定将公司设立在市中心的一座高档写字楼内，并且花费大量资金进行装修，旨在打造一个最酷的工作环境来吸引顶尖人才。

由于初期资金主要用于办公室租金和装修上，公司在产品研发上的投入受到了限制，这导致产品开发进度缓慢，同时高昂的运营成本使公司难以实现盈利。

对此，该公司进行了如下调整。第一，调整办公地点，将公司搬至租金相对较低的创业园区，节省租金成本。第二，优化装修方案，采用简约实用的设计理念，减少不必要的装饰开支。第三，采用灵活用工制度，如远程办公、雇用兼职人员，以降低人力成本。第四，聚焦核心业务，集中资源加速产品研发和市场推广，提升公司的核心竞争力。

后来，该公司通过调整策略，将更多资金投入研发和市场拓展中，而非外在的办公环境，最终提高了工作效率并加快了产品上市速度，实现了初步的商业成功。

八、缺乏深耕的恶果

未能深入了解一个行业，就急于求成，缺乏精耕细作的精神，这样的做法往往导致创业者对行业的理解不够深入，无法把握行业的核心规律和发展趋势，最终难以在激烈的市场竞争中脱颖而出。了解并规避这些"坑"，是每位创业者的必修课。记住，成功偏爱那些准备充分、持续学习、灵活应变的人。

案例分享

某生鲜电商公司的策略调整

生鲜电商 D 公司在看到生鲜配送市场的潜力后,迅速搭建起线上平台,并在多个城市开设了配送站点,希望能够迅速占领市场份额。然而,他们没有考虑到生鲜产品的特殊性、供应链管理的复杂性、开拓客户时间成本、资金成本、人员成本及配套的物流成本等。

由于缺乏对生鲜行业的深入了解,D 公司在物流配送、库存管理和产品质量控制等方面遇到了诸多问题,导致用户体验不佳,客户流失率高。

以下是该公司的一些应对办法。

第一,深入研究生鲜行业的特点,特别是关于保鲜技术、冷链物流的要求以及消费者偏好。

第二,寻找专业的冷链物流合作伙伴,确保从源头到终端的每个环节都能达到高标准。

第三,建立严格的质量管理体系,定期培训员工,确保每个环节都能达到最佳状态。

第四,积极寻找合作伙伴和投资者,为创业项目提供必要的资源支持。

第五,开发货源地,"小试牛刀"。先从个别单品入手,拿到绝对稳定的货源与价格,从货源、物流、分装等环节上进行优化；小范围地进行实验，通过服务、产品质量、价格等多方面的优势，留住客户。

第六，重视用户的反馈信息，及时调整改进策略，提升服务质量。

通过对行业的深入理解和精细化管理，D公司最终提高了客户的满意度，逐渐建立了良好的口碑，实现了企业经营效益的稳步增长。

针对以上8种常见的创业失败原因，我们汇总了避"坑"策略。

第一，终身学习，自我精进。紧跟行业动态，参加培训、研讨会，与同行交流，持续提升自我。

第二，数据为王，理性决策。在决策前深入调研，让数据说话，避免盲目跟风。

第三，善用资源，合作共赢。积极整合资源，与伙伴建立良好的合作关系，优势互补。

第四，创新驱动，引领变革。保持创新思维，紧跟趋势，勇于尝试，灵活调整战略。

第五，清晰定位，扬长避短。明确自身优势，精准定位市场，制定符合实际的战略。

第六，稳健前行，拒绝冒进。专注核心业务，逐步扩张，确保可持续发展。

第七，注重实效，摒弃浮夸。聚焦实际效益，避免无谓的开支，保持企业健康发展。

第八，建立风险意识，未雨绸缪。预估风险，制定应对策略，提高危机处理能力。

04

如何建立一家相对可靠的企业？

建立可靠的企业并非易事，它需要在企业顶层设计、商业模式选择、企业文化塑造、风险管理等多个层面进行深思熟虑和精细规划。下面将展开讲解分析。

一、企业顶层设计：奠定发展的坚实基石

第一，明确愿景与使命。企业愿景与使命是其灵魂所在，它们指引着企业前行的方向。清晰的愿景和使命能够激励团队，形成共同的价值追求。

第二，构建治理结构。一个合理的治理结构是企业稳定发展的基石。它包括合理的股权结构、明确的职责分工以及有效的决策机制，确保企业能够在复杂多变的市场环境中做出迅速而明智的决策。

第三，设计可持续的商业模式。商业模式是企业盈利的核心逻辑。一个可持续的商业模式不仅要考虑当前的市场需求，

还要预见未来的市场趋势，确保企业在长期发展中保持竞争力。

第四，注重企业文化建设。企业文化是企业的精神风貌，它影响着员工的行为和态度。积极向上的企业文化能够激发员工的创造力，增强团队的凝聚力。

第五，强化风险管理和合规性。在充满不确定性的市场环境中，风险管理和合规性是企业生存的保障。建立完善的风险管理体系，确保企业在面对挑战时能够迅速应对，降低潜在损失。

第六，持续改进与创新。市场环境和客户需求总是在不断变化之中。企业要保持敏锐的市场洞察力，不断改进产品和服务，同时勇于创新，开拓新的市场领域。

第七，承担社会责任。一家可靠的企业不仅要在商业上取得成功，还要积极承担社会责任。这包括环境保护、公平贸易、社区支持等多个方面，体现企业的社会价值和公民责任。

二、设计适合自身发展的商业模式：精细布局

第一，市场研究与定位。深入了解目标市场和竞争对手，明确自身的市场定位。通过市场趋势的分析，捕捉新的市场机会。

第二，价值主张。确定产品或服务的独特卖点，明确它如何为客户创造价值。这是吸引客户并保持竞争力的关键。

第三，客户细分与关系管理。将市场细分为不同的客户群体，并针对每个群体制定特定的营销策略。同时，建立和维护

与客户的良好关系，提高客户满意度和忠诚度。

第四，渠道通路与服务。选择有效的销售与分销渠道，将产品或服务传递给客户。同时，提供优质的客户服务和支持，提高客户体验。

第五，收入模型与定价策略。根据成本、市场需求和竞争情况来设定价格，并考虑直接销售以外的其他收入来源。

第六，关键活动与资源管理。确定企业日常运营中的关键活动，并识别成功运作所需的关键资源。合理配置和管理这些资源，确保企业的高效运作。

第七，合作伙伴网络与供应链管理。建立稳定的供应链和合作伙伴网络，确保原材料或服务的供应，并共同开发市场或共享资源。

第八，成本结构与效率提升。分析企业的成本构成，合理控制成本，并寻找降低成本和提高生产效率的方法。

第九，风险评估与管理。全面评估市场风险、财务风险和运营风险，并制定相应的预防措施和应对策略，确保企业在面对风险时能够保持稳健发展。

从源头上构建一家可靠的企业是系统工程，需要全面规划与精细执行。通过在企业顶层设计、商业模式选择、企业文化塑造、风险管理等多个层面的深入思考和努力实践，我们才能打造出一家既稳健又充满活力的企业。这不仅需要智慧和策略，更需要坚定的信念和不懈的努力。

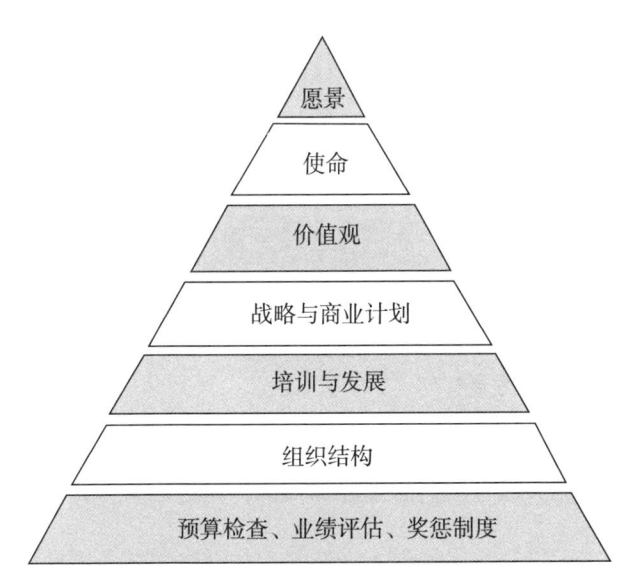

（一）企业顶层设计模型

构建企业顶层设计模型是企业在创建或重构商业模式时，从战略高度出发，进行系统性规划和设计的过程，如图 6 所示。

图 6 企业顶层设计模型

以下是企业顶层设计模型的七大构件。

1. 愿景

愿景是企业未来发展的蓝图，它指引着企业的发展方向和目标。一个清晰的愿景能够激励员工，吸引顾客和合作伙伴，并在市场中树立独特的品牌形象。

2. 使命

使命阐述了企业存在的根本原因，它定义了企业为社会、顾客、员工和股东提供的价值。使命是企业行动的指南，确保所有活动都与企业的核心价值观和目标保持一致。

3. 价值观

价值观是企业文化的核心，它影响着员工的行为和决策。确立并坚持一套强有力的价值观，有助于塑造企业的内部氛围，增强团队凝聚力，并在外部树立良好的企业形象。

4. 战略与商业计划

战略与商业计划是实现企业愿景和使命的具体行动方案。它包括市场分析、竞争对手分析、产品开发、营销策略等，是企业在市场中取得成功的关键。

5. 培训与发展

培训与发展是企业持续成长的动力。为员工提供培训和发展机会，能够提升他们的技能和知识，促进创新，并为未来的挑战做好准备。

6. 组织结构

组织结构决定了企业内部的运作方式。一个合理的组织结构能够提高工作效率，确保信息流通，并支持企业战略的实施。

7. 预算检查、业绩评估、奖惩制度

预算检查是企业财务管理的重要组成部分。通过定期的预算检查，企业能够监控财务状况，控制成本，并确保资源的有

效分配。业绩评估能帮助企业衡量员工和团队的表现，识别优势和需要改进的领域。通过设定明确的目标和评估标准，企业能够激励员工，提高整体业绩。奖惩制度是激励员工的重要工具。一个公正合理的奖惩制度能够鼓励员工追求卓越，同时也能够纠正他们的不良行为，维护企业的秩序和文化。

案例分享

小米公司的顶层设计

1. 企业愿景

小米公司的愿景，即"和用户交朋友，做用户心中最酷的公司"。

对于小米公司而言，用户非上帝，用户应是朋友。因此，小米公司构建了一个独特的粉丝生态系统，鼓励用户参与，实现企业与用户的深度互动与共同成长。

2. 企业使命

小米公司的使命"始终坚持做'感动人心、价格厚道'的好产品"，体现了其对产品情感价值的重视和对消费者需求的深刻洞悉。在性价比与品质之间寻求完美平衡，小米的使命不仅是一种商业策略，更是一种对社会负责的态度，确保所有行动都与企业价值观及发展目标紧密相连。

3. 价值观

小米公司的核心价值观中，"真诚、热爱"不仅驱动着企业为用户提供真诚服务和对产品的极致追求，还促进了企业内部的创新文化与快速迭代机制的建立。

4. 战略与商业计划

小米公司的"互联网＋"商业模式，通过线上直销削减中间成本，结合社交媒体与社区营销策略，极大提升了用户黏性。其生态链战略，通过对多家智能硬件与生活消费品企业的投资与孵化，不仅丰富了产品矩阵，更构建了强大的市场竞争力，展现了其在战略规划与执行上的卓越能力。

5. 培训与发展

小米公司重视人才培养，通过"小米大学"等平台，构建了全面的培训体系与晋升通道，鼓励员工不断提升自我，体现了企业对人才发展的高度重视。这一举措不仅促进了企业内部的知识共享与创新能力提升，也为企业的持续成长注入了源源不断的动力。

6. 组织结构

小米公司采用的扁平化组织结构与合伙人制度，有效减少了管理层级，加速了决策流程，同时促进了核心团队的深度参与和责任共担，形成了一个高效协作、共创共享的企业环境。

7. 预算检查

小米公司在财务管理上态度严谨，通过精细化管理和数据分析，确保了预算的严格监督与合理配置。这种对成本控制和效率提升的不懈追求，为小米公司的快速扩张和持续创新提供了坚实的财务保障。

8. 业绩评估

小米公司实行的结果导向绩效管理体系，通过清晰的 KPI 设定与定期业绩审查，不仅确保了公司对财务表现的关注，也兼顾了对用户体验与市场反馈的优化，形成了一套全面的评价机制，推动团队不断追求卓越。

9. 奖惩制度

小米公司的奖惩制度侧重正向激励，通过股权激励、奖金发放、晋升机会等手段，有效激发员工潜能与积极性。同时，对于违背企业价值观的行为，公司也有明确的规定与处理流程，确保了企业文化的健康与正向发展。

小米公司的成功并非偶然，而是其在企业顶层设计上的深思熟虑与高效执行的必然结果。这一系列精心策划的战略布局，不仅确保了企业内外的一致性与高效运作，更为其在全球市场的快速崛起奠定了坚实的基础，展现了企业顶层设计在塑造企业未来愿景中的决定性作用。

（二）商业模式底层设计

在当今竞争激烈的商业环境中，一个有效的商业模式无疑是企业成功的基石。它不仅明确了企业如何创造、传播并捕获价值，更直接关系到企业的长期生存与繁荣发展。为了构建一个既富有深度又极具实践指导意义的商业模式，我们需要深入探讨其底层设计逻辑：挣谁的钱、挣什么类型的钱，以及挣钱的环节与流程。

首先，关于"挣谁的钱"，这一问题的核心在于精准识别并定位目标客户群体。一种出色的商业模式，必须清晰地识别出其服务对象——那些能为企业带来稳定收入的消费者群体。这就要求企业进行深入而细致的市场调研，全面理解不同消费群体的需求、偏好以及消费能力，从而准确地锁定目标客户。例如，高端奢侈品牌可能会专注于服务高收入人群，而平价品牌则可能更加青睐广阔的中低端市场。通过明确目标客户群体，企业能够更有针对性地制定市场策略和产品策略，从而实现资源的优化配置。

其次，探讨"挣什么类型的钱"，这实际上是在剖析企业的盈利模式和收入来源。企业需要深入思考，通过提供何种产品或服务来实现盈利，并探索这些产品或服务是如何精准满足客户需求并创造价值的。一些企业可能通过销售一次性产品来获取利润，而另一些企业则可能通过提供持续性的订阅服务或综合解决方案来获得稳定的收入。此外，为了增强盈利模式的稳定性和多样性，企业还可以考虑通过广告收入、增值服务收入等多种渠道来丰富收入来源。

最后，"挣钱的环节与流程"涉及企业如何高效组织和执行各项商业活动以达到盈利目标。这涵盖了供应链管理、产品研发、市场营销、客户服务等多个关键环节。

一个优秀的商业模式应当能够优化这些流程，降低成本消耗，提升运营效率，并确保客户满意度的持续提升。例如，企业可以通过引入先进的供应链管理技术来降低库存成本，或者通过创新的市场营销策略来提升品牌影响力和销售业绩。

图 7 为商业模式底层设计模型。

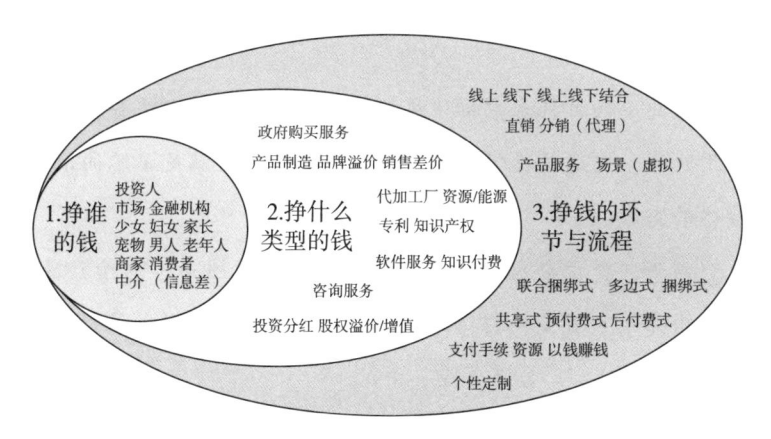

图 7　商业模式底层设计模型

1. 挣谁的钱：投资人 市场 金融机构 少女 妇女 家长 宠物 男人 老年人 商家 消费者 中介（信息差）

2. 挣什么类型的钱：政府购买服务 产品制造 品牌溢价 销售差价 代加工厂 资源/能源 专利 知识产权 软件服务 知识付费 咨询服务 投资分红 股权溢价/增值

3. 挣钱的环节与流程：线上 线下 线上线下结合 直销 分销（代理）产品服务 场景（虚拟）联合捆绑式 多边式 捆绑式 共享式 预付费式 后付费式 支付手续 资源 以钱赚钱 个性定制

除了从目标客户、盈利模式和业务流程三个方面进行深入思考，一个全面的商业模式底层设计模型还需要融入企业的顶层设计元素，如企业愿景、使命和价值观等。这些元素不仅为商业模式提供了灵魂和方向，还能帮助企业设计出更加符合自身特点和市场需求的商业模式，从而推动企业快速成长并实现价值变现。

案例分享

亚马逊的商业模式设计

亚马逊作为全球领先的电子商务平台,其商业模式的设计充分体现了对"挣谁的钱"、"挣什么类型的钱"以及"挣钱的环节与流程"的深刻理解和精准执行。

1. 挣谁的钱

亚马逊的目标客户群体极为广泛,涵盖了个人消费者、企业用户等。它通过提供多样化的商品和服务,满足了不同消费群体的需求。

例如,对于个人消费者,亚马逊提供了图书、电子产品、家居用品等丰富多样的商品;对于企业用户,则提供了云计算服务(AWS)、广告服务等。

2. 挣什么类型的钱

亚马逊的盈利模式非常多元化,既包括商品销售的收入,也包括来自第三方卖家的佣金、广告收入、云计算服务收入等。

通过 Prime 会员制度,亚马逊还实现了订阅服务的收入,为用户提供更快的配送、更多的娱乐内容等增值服务。

3. 挣钱的环节与流程

亚马逊在供应链管理上投入巨资,建立了高效的物流体系,确保商品能够快速准确地送达消费者手中。

在产品研发上，亚马逊不断推出新的技术和服务，如Kindle电子书阅读器、Echo智能音箱等，以创新驱动增长。

市场营销方面，亚马逊利用大数据和人工智能技术，进行精准营销和个性化推荐，提升用户购物体验。

有效的商业模式是企业成功的基石，它关乎企业如何创造、传播并捕获价值，直接影响企业的长期生存与繁荣发展。构建富有深度和实践指导意义的商业模式，需要深入探讨其底层设计逻辑，包括目标客户群体的精准识别与定位、盈利模式和收入来源的多元化设计，以及高效组织和执行商业活动的流程优化。

（三）商业模式的灵活演化

商业模式是企业为创造价值、传递价值并获取回报而构建的综合运营体系。它涉及产品、服务、营销、渠道等多个维度，并影响着企业与各利益相关者的关系。在当今的商业环境中，不断创新和优化商业模式已成为企业保持竞争力的核心。从经典的销售模式到新兴的社群经济，商业模式的多元化展示了企业对市场和消费者需求的敏锐把握与灵活策略。

九步成商理念强调：设计并实施任何商业模式时，都需深入考虑市场的动态需求，确保多方参与者能从中获益。商业模式的构建可以灵活多变，既可单独运用，也可组合出击。关键在于精准识别痛点，提供畅通无阻的解决方案，从而引导消费者自愿买单。这一理念为现代商业模式的设计与执行提供了明晰且实用的指导。

1. 商业模式梳理

（1）销售产品模式：最传统且直接的商业模式，企业生产或采购产品，通过零售或批发渠道直接销售给终端消费者或商家，赚取差价。

（2）直销模式：绕过传统零售渠道，直接通过个人销售人员（直销员）点对点推广和销售产品给消费者。

（3）经销代理模式：企业与经销商或代理商合作，后者购买产品后自行负责销售，企业从中获得销售利润分成或固定代理费用。

（4）特许经营模式：企业授权给加盟商使用其品牌、产品、运营系统等，加盟商需支付加盟费和持续的特许权使用费。

（5）连锁模式：企业通过拥有或控制多个统一品牌、运营标准和服务流程的店铺，实现规模经济和品牌效应，提高市场渗透率。

（6）体验营销模式：通过提供独特体验吸引顾客，如试穿、试吃、体验活动等，增加产品或服务的情感价值。或创造独特的消费体验，如主题餐厅、沉浸式娱乐、家居体验馆，通过体验吸引顾客并提高品牌忠诚度，促进购买意愿。

（7）租赁资产模式：企业拥有资产并出租给需要的个人

或企业，如办公空间租赁、汽车租赁等，以租金形式获得稳定收入。

（8）提供服务模式：专注于提供专业服务，如IT咨询、设计服务、法律咨询等，以专业知识和技能换取服务费。

（9）收取费用模式：提供特定服务或便利设施并收取费用，如会员俱乐部的会费、停车场的停车费等，获取稳定收入。

（10）广告收入模式：在拥有大量用户流量的平台（如网站、App）展示广告，根据点击量、曝光量或转化率向广告主收费。

（11）金融服务业模式：包括银行、保险、投资理财等，通过提供资金管理、风险保障、投资咨询等服务赚取手续费、利息或佣金。

（12）制造商业模式：企业自己设计、生产并销售自有品牌产品，掌握从生产到销售的整个链条，提高利润空间。

（13）订阅模式：定期提供内容或服务（如软件、杂志、流媒体），用户需支付周期性订阅费以获得服务使用权。

（14）电子商务模式：通过互联网平台销售商品或服务，如淘宝、亚马逊，利用网络的广泛覆盖和便捷性增加销售。

（15）共享经济模式：促进闲置资源（如房屋、车辆）的临时使用权交易，通过平台匹配供需双方，平台从中抽取服务费。

（16）众筹模式：通过众筹平台向公众募集资金，支持新项目或产品开发，项目发起人给予投资者产品、股权或其他形式的回报。

（17）会员制模式：提供专属会员服务或优惠，吸引用户成为会员并支付会员费，如Costco会员制超市。

（18）产业链整合模式：企业整合上下游资源，形成闭环供应链，提高效率降低成本，提供更全面的服务或解决方案。

（19）定制化服务模式：根据客户个性化需求定制产品或服务，满足市场细分需求，如定制服装、个性化旅游。

（20）跨界合作模式：跨行业合作，整合不同领域的资源与优势，创新产品或服务，拓宽市场和客户群体。

（21）数据分析模式：利用大数据分析提供市场洞察、消费者行为预测等服务，帮助企业做出更精准的商业决策。

（22）新零售模式：线上线下深度融合，利用数字化技术优化购物体验，如线上下单线下提货，提高效率和顾客满意度。

（23）社交电商模式：依托社交网络平台，通过用户分享和推荐促成商品销售，如拼多多、小红书的种草文化。

（24）无人零售模式：通过自动售货机、无人便利店等方式，减少人工成本，24小时营业，提高运营效率。

（25）产业链金融模式：为产业链上的企业提供金融服务，降低融资成本，促进产业链整体健康发展，如供应链融资。

（26）社群经济模式：围绕共同兴趣或需求建立社群，提供定制化产品或服务，增强用户黏性，形成稳定的收入来源。

以上这些商业模式各有特色，企业应根据自身资源、市场定位和行业特点，灵活选择，组合应用或创造出新的商业模式，以达到最佳的商业效果。

2. 商业模式的应用范例

（1）新零售模式。

新零售模式结合了线下实体店和线上电商平台的优势，通过线上引流和线下体验相结合的方式吸引顾客。实体店可以利用社交媒体、电子商务平台等线上渠道进行宣传和销售，同时在线下提供体验和服务。

案例分享

某时尚品牌商业模式

某时尚品牌服装在其官方网站上发布新品信息，并通过社交媒体广告定向推送给潜在消费者，吸引他们到线下实体店试穿和购买。在店内，顾客可以扫描商品二维码，了解更多产品信息，并可以直接通过店铺的线上平台下单，选择快递到家或店内自提。店铺还提供线上预约试衣服务，顾客可以在线预约时间和款式，到店后直接试穿，节省等待时间。

（2）体验营销模式。

体验营销模式通过打造具有特定主题或特色的实体店，来吸引对此主题感兴趣的消费者。这种模式可以制造话题，提高体验感、曝光度和吸引力。

📖 案例分享

某购物中心商业模式

某购物中心打造了一个以"复古风情"为主题的街区，街区内的店铺装潢、员工服饰、售卖的商品等都围绕这一主题设计。这吸引了喜欢复古文化的消费者，成为社交媒体上的网红打卡点。

该购物中心其中一家儿童乐园以世界闻名的动画 IP 为主题，提供了与动画角色相关的游乐设施、表演活动和商品。这种沉浸式的体验让家长和孩子都能享受到乐趣，从而增加了消费者黏性和消费频次。

（3）体验营销模式+社群经济模式。

📖 案例分享

Eataly 的商业模式

Eataly 是一家结合了食品市场、餐厅、烹饪学校与休闲区的意大利美食综合体。它不仅是一个售卖高质量食材的超市，更是一个让消费者深度体验意大利饮食文化的场所。Eataly 通过组织烹饪课程、美食节、农产品品尝会等活动，将购物转化为一种享受和学习的过程，吸引了大量对意大利美食文化感兴趣的顾客。同时，Eataly 积极建立顾客社群，通过社交媒体和会员制度维护顾客关系，定期向社群成员推送专属优惠、新品体验和活动邀请，增强了顾客的归属感和忠诚度，形成了稳定的回头客群体。

（4）无人零售模式+数据分析模式。

案例分享

Amazon Go 便利店的无人零售模式

Amazon Go 便利店是无人零售模式的典型代表。利用计算机视觉、深度学习技术与传感器融合系统，Amazon Go 实现了"拿了就走"的购物体验，顾客无须排队结账，系统会自动识别选购的商品并完成扣款。此模式极大提升了购物效率和便利性，同时减少了人力成本。此外，Amazon Go 利用其强大的数据分析能力，收集顾客购物行为数据，分析顾客偏好、购物时段、商品动销率等，进而优化库存管理、个性化推荐商品，甚至调整店铺布局，以提高销售效率和顾客满意度。这种模式不仅革新了传统零售的运营方式，也为顾客提供了前所未有的购物体验。

📖 **案例分享**

华住集团商业模式

华住集团的崛起始于 1999 年，自那时起，它便在上海的酒店业中崭露头角，以敏锐的市场洞察力开启了其不平凡的发展旅程。特别是在 2005 年，季琦等人正式创立华住集团，以经济型酒店为起点，凭借其子品牌汉庭的迅速崛起，奠定了其在酒店行业的坚实基础。

1. 发展历程概览

（1）初创与扩张阶段（1999—2010 年）。

华住集团在经济型酒店市场精耕细作，特别是汉庭品牌的成功，成为其快速发展的助推器。这一时期，它充分抓住了中国经济飞速发展和商旅需求增长的机遇，在全国范围内迅速扩张。2010 年，汉庭在美国上市，标志着华住集团在资本市场上的正式亮相。

（2）多元化与国际化阶段（2010 年至今）。

品牌多元化：华住集团不再满足于单一的经济型酒店市场，而是逐步推出了覆盖豪华至经济型市场的多个酒店及公寓品牌，包括禧玥、花间堂、桔子水晶等，实现了品牌的全面升级和市场的多元化覆盖。

技术创新：华住集团坚持"鼠标"加"水泥"的发展模式，将信息技术与酒店运营深度融合，通过数字化手段优化预订流程、会员服务等，提升顾客体验。

会员体系构建：建立以会员为核心的营销体系，通过积分、优惠等手段增强用户黏性，推动品牌复购。

国际化布局：2020年，华住集团全资收购德意志酒店集团，正式开启了国际化道路，向世界展示了中国酒店品牌的实力。

2. 成功秘诀分析

华住集团的成功并非偶然，其背后有着多方面的原因。

前瞻性战略：华住集团能够准确把握市场趋势，提前布局消费升级，持续进行产品和服务升级，以满足不断变化的市场需求。

强大的执行力：华住集团注重快速复制和发展的执行文化，确保战略能够迅速落地并产生效果。

科技创新：华住集团利用信息技术提升运营效率和客户体验，增强了品牌的竞争力。

会员营销：华住集团构建了强大的会员体系，通过积分、优惠等手段增强用户黏性，促进客户忠诚度和复购率。

持续创新：华住集团不断进行产品迭代和服务优化，保持品牌的新鲜感和市场适应性。

国际化视野：华住集团通过并购等策略扩大全球影响力，提升品牌国际地位。

3. 商业模式解析

华住集团的商业模式集直接经营、特许经营和加盟模式于一体，形成了一个多元化的收入结构。

轻资产加盟模式：华住集团以加盟模式为主，通过提供品牌、管理、技术和营销支持，快速扩张酒店网络。加盟商的运营成本由加盟商自己承担，而华住集团则通过收取加盟费、CRS使用费等获取收入。

直接经营：华住集团也直接经营一部分酒店，通过租赁或自有的方式控制物业，获得稳定的租金或所有权收益，以及更直接的运营控制权。

管理加盟及特许经营：华住集团为特许经营酒店提供管理服务，从中获取管理费。这种模式下，华住集团负责更多层面的运营管理，由业主支付管理费用。

华住易购平台：作为一个电子商务平台，它连接了酒店加盟商与设计、施工总包以及物料供应商，促进了供应链上下游的高效交易，进一步整合资源，降低成本并提高效率。

"三位一体"商业模式：华住集团构建的"三位一体"模式，不仅为员工、住客、加盟商和业主、合作伙伴创造价值，还通过其商业操作系统实现了从预订到退房的全链条数字化管理，提升了运营效率和服务质量。

综上所述，华住集团通过其独特的商业模式、前瞻性的战略眼光、强大的执行力和持续的创新精神，成功打造了一个既稳健又具有高度扩展性的企业典范。对于寻求发展的企业来说，华住集团的商业模式无疑具有极高的参考价值。

05

创业前需要准备什么？

创业是一项复杂的任务，需要创业者掌握多方面的知识和技能。以下是创业者可能需要学习的关键领域。

一、核心知识

1. **股权架构与管理**

股权架构是公司治理的核心，它影响控制权、决策权和利益分配。合理的股权架构有助于稳定公司发展，减少内部矛盾。管理团队建设、风险控制机制和融资策略是股权管理的关键组成部分，具体建议包括以下内容。

（1）明确出资与股权匹配规则。

（2）设定基于不同入股方式的分红规则。

（3）确立清晰的利润分配机制。

（4）制定团队管理和决策规则。

（5）规定进入和退出机制。

（6）制定竞业禁止和保密协议。

（7）设计合理的公司架构，明确各部门职责和权力范围。

（8）建立有效的沟通渠道和决策机制，确保公司高效运作。

（9）注重团队建设和文化塑造，提高员工满意度和忠诚度。

2. 财务管理

（1）了解基本的会计原理和税务知识，如增值税、企业所得税等。

（2）掌握财务报表的编制和分析方法，确保财务数据的准确性和完整性。

（3）了解税务筹划和合规性要求，降低税务风险。

3. 市场营销

（1）制定明确的公司战略和目标，确保团队成员在工作中保持一致性。

（2）建立有效的组织架构和岗位职责，提高工作效率和团队协作效率。

（3）制定科学的管理制度与流程，确保员工遵守规定，提高公司规范化程度。

（4）建立决策机制和沟通渠道，确保信息畅通无阻，提高团队协作效率。

特别提示：对于初创者来说，学习市场细分、目标客户群定位、品牌建设、营销渠道选择（线上线下）、数字营销策略、社交媒体营销、内容营销等特别关键。很多公司在变现环节出现问题，最后导致公司倒闭。

4. 产品开发与管理

了解产品生命周期管理、敏捷开发、用户需求分析、用户体验设计、迭代改进等，确保产品贴合市场需求。

5. 法律法规

熟悉公司注册流程、《中华人民共和国知识产权法》、《中华人民共和国民法典》、《中华人民共和国劳动法》、税法、行业特定法律法规，以及国际商务法规（如果涉及跨境业务）等。

6. 团队与领导力

注重领导力、团队建设、有效沟通、冲突解决、时间管理、目标设定与绩效考核，以及团队成员激励。

7. 技术创新与应用

紧跟行业发展趋势，掌握新兴技术，如人工智能、大数据、云计算等在商业模式中的应用，提升产品或服务的竞争力。

8. 资金渠道

（1）了解不同的融资方式和投资渠道，如银行贷款、天使投资、风险投资等。

（2）学习如何与投资者沟通和谈判，争取更多的资金支持。

二、实践技能提升

1. 实战经验

通过实习、兼职、参与创业比赛、加入创业孵化器或加速器等方式，积累实践经验。

2. 人脉网络建设

积极参加行业会议、研讨会、创业社群活动，建立行业联系，寻找潜在的合作伙伴、导师和投资人。

3. 持续学习

利用在线课程、专业书籍、行业报告、创业博客和播客等资源不断充实自己。

4. 心态调整

培养抗压能力、韧性、快速学习和适应变化的能力，保持乐观和积极的心态面对创业过程中的挑战与失败。

三、商业模型推演与项目验证

在创业初期，对商业模型的深入推演和项目验证是确保项目可行性和降低风险的关键步骤。这一过程旨在通过模拟和测试，发现并修正潜在的问题，优化商业模式，提高项目的成功率。以下是几个关键步骤。

1. 明确商业模式画布

使用商业模式画布工具来清晰描绘商业构想，包括价值主张、客户细分、渠道通路、客户关系、收入来源、核心资源、关键活动、关键伙伴、成本结构等。这有助于创业者以全局视角审视商业模式的各个维度。

2. 市场调研与验证

深入市场调研，了解目标客户的真实需求、市场容量、竞争对手分析、行业趋势等。通过问卷调查、一对一访谈、焦点小组讨论等方式收集数据，验证价值主张是否真能满足市场需求。

3. 最小可行性产品（MVP）开发

开发最小可行性产品，即用最少的资源开发出能够验证核心假设的产品原型，快速推向市场。目的是获取用户反馈，检验产品或服务的实际吸引力和市场需求，及时调整方向。

4. 客户反馈循环

建立快速迭代机制，根据 MVP 获得的客户反馈，不断调整产品功能、用户体验或市场定位。这一过程是验证和优化商业模式的直接途径。

5. 成本与收入预测

基于市场调研和初步运营数据，进行成本与收入的详细预测，包括固定成本、变动成本、预期收入等。这有助于评估项目的财务可行性和盈利能力。

6. 风险评估与应对策略

识别项目面临的主要风险，包括市场风险、财务风险、运营风险等，并制定应对策略。通过情景分析模拟不同情况下的应对措施，提高抗风险能力。

7. 现金流管理

强调现金流的重要性，进行详尽的现金流量预测，确保有足够的运营资金支持业务发展。考虑不同阶段的融资策略，包括启动资金、种子轮、A 轮等，以及如何平衡股权稀释与资金需求。

8. 法律与合规审查

在商业模式确立后，进行全面的法律与合规审查，确保所有商业活动符合当地法律法规要求，包括但不限于公司注册、

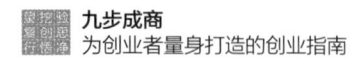

税务筹划、数据保护、知识产权保护等。

通过上述步骤的学习，套用科学的商业模型推演与验证，项目在正式启动前能够得到充分的准备和优化，减少盲目投资和市场误判的风险，提高创业成功的可能性。记住，创业是一场马拉松长跑而非短跑，持续学习、灵活调整和坚韧不拔是成功的关键要素。

06

创业工具推荐

创业项目分析模型与工具的使用对于任何希望成功启动并运营新企业的创业者来说都是至关重要的。这些模型和工具可以帮助创业者从多个角度评估项目的可行性、识别潜在的风险和机会，并制定有效的策略来应对市场挑战。

下面推荐几种常用工具，希望能帮助创业者在创业的路上走得更加稳健。

一、SWOT 分析模型

SWOT 分析模型是一种常用的商业推演模型，它通过对企业进行优势、劣势、机会和威胁的分析，帮助创业者明确自身的战略定位和发展方向。通过 SWOT 分析，创业者可以了解自身的优劣势和市场环境的机会与威胁,从而制订更加科学合理的战略计划。

图 8 为 SWOT 分析模型。

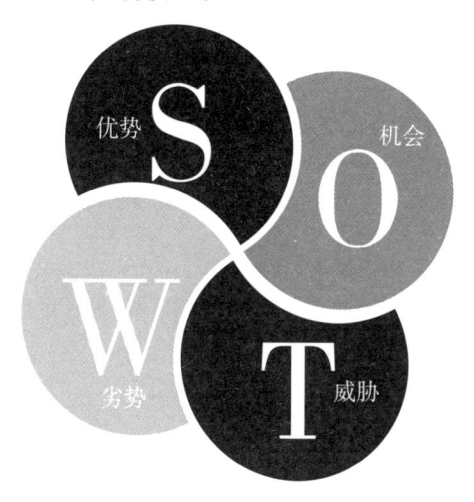

图 8　SWOT 分析模型

对于创业者来说,SWOT 分析模型是一种非常常见的工具,但很多人只是了解其表面,很少有人真正掌握其具体运转方式。甚至有些朋友在咨询我们时,对模型的应用理解存在一些偏差,导致出现了重大的失误。

以下是 SWOT 分析模型应用案例。

案例分享

咖啡馆的 SWOT 分析

优势:咖啡馆提供了一个舒适的环境,人们可以在这里放松、社交和工作。此外，咖啡馆通常提供各种口味的咖啡和其他饮料，可以吸引广泛的客户群体。

劣势：咖啡馆需要投入大量的资金来购买设备和租赁房屋。此外，咖啡馆市场竞争激烈，需要提供优质的服务和产品才能吸引客户。

机会：随着人们对健康和生活质量的关注度增加，咖啡馆可以提供更多健康优质的产品。此外，通过新技术的应用，咖啡馆可以提供更高效的点餐和支付系统。

威胁：随着竞争的加剧，咖啡馆需要面对价格战和客户流失的风险。此外，由于租金和人力成本的增加，咖啡馆需要提高价格或降低成本来保持盈利能力。

案例分享

共享经济平台的 SWOT 分析

优势：共享经济平台可以通过共享资源来降低成本和提高效率。共享经济平台可以提供更广泛的服务和产品，并可以扩展到全球范围内。

劣势：共享经济平台需要投入大量的资金来进行技术开发和管理运营。由于缺乏对共享资源的控制和监管，共享经济平台可能面临安全和质量问题。

机会：随着人们对环保和可持续发展的关注度增加，共享经济平台可以提供更多的环保和可持续的共享资源和服务。通过使用新技术和数据分析工具,共享经济平台可以提供更高效的运营和管理。

威胁:随着竞争的加剧,共享经济平台需要面对价格战和客户流失的风险。由于政策和监管的不确定性,共享经济平台需要遵守相关法规并保持合规性。

以上两个简单的案例,并不足以说明该模型的真正作用,我们通过多年的探索与应用总结,得出了一套可能更适合年轻创业者参考的SWOT优化模型,该模型加入了中国的"五行"思维元素,其重点在于模型的运转与"相生相克"的结合,可以对该模型进行裂变化应用。

二、SWOT 优化模型

图9为SWOT优化模型。

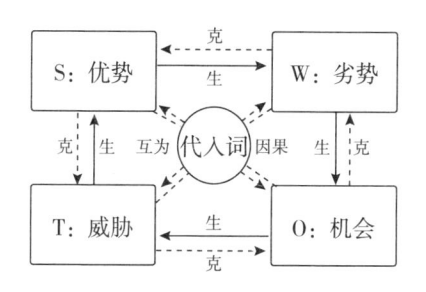

图9 SWOT 优化模型

S:产品核心优势、团队优势、资源优势、技术优势、市场优势、模式优势、个人优势等。

W：这是对企业内部存在的问题或不足之处的评估，包括产品质量、服务、管理、渠道、销售、资金、技术、市场份额等。

O：这是对企业外部环境中可能带来的机会的评估，包括市场增长、政策变化、新技术应用等。

T：这是对企业外部环境中可能带来的威胁的评估，包括竞争对手的行动、市场萎缩、政策变化等。

下面是九步成商SWOT优化模型融入"五行"思维说明之"相生"。

S+W：这些劣势通过哪些优势可以补充？哪些劣势能改变甚至转换为优势？

W+O：这些劣势可能会影响到哪些机会？哪些行业痛点能被创业者发现并得到解决？

O+T：哪些威胁直接阻碍了机会的产生？哪些机会能让威胁得到有效控制？避险措施是什么？

T+S：哪些威胁能阻碍优势的发挥？这些阻碍是否能被消除？通过什么方式？

下面是九步成商SWOT优化模型融入"五行"思维说明之"相克"。

W−S：优势是不是真正的优势？是价值的塑造吗？是不可替代的吗？

S−T：是不是有更好的替代品？是否有调研不够带来的威胁（对市场认知不清）？

T-O：如果有强大的竞争对手或政策环境的改变，如何应对？

O-W：找到的机会或核心痛点是否存在普遍共识？如何避免"自嗨"型的误判？市场容量有多少？客户群体是否集中？

三、PEST 分析模型

PEST 分析模型是一个用于评估企业外部宏观环境的框架，涵盖了政治、经济、社会和技术四个关键维度。通过深入剖析这四个方面的因素，企业能够更全面地了解外部环境对其运营和盈利的影响，从而制定出更加符合市场需求的战略计划。

1. 政治因素（Political）

政治因素包括政府政策、法律法规、税收等，会对企业的运营和盈利产生影响。例如，政府政策的变动可能会改变市场的准入门槛，税收政策的变化可能会增加企业的成本等。

2. 经济因素（Economic）

经济因素包括市场需求、消费者购买力、通货膨胀等，这些因素都会影响企业的销售和盈利。例如，市场需求的增加可能会带来更多的商机，消费者购买力的下降可能会影响产品的销售等。

3. 社会因素（Social）

社会因素包括文化、价值观、生活方式等，这些因素都会影响企业的市场定位和产品定位。例如，不同的文化背景可能会影响消费者的购买决策，生活方式的变化可能会带来新的商机等。

4. 技术因素（Technological）

技术因素包括新技术、新工艺、新材料的出现和发展，这些因素都会对企业的产品和发展产生影响。例如，新技术的出现可能会带来新的市场机会，新材料的出现可能会改变产品的设计和成本等。

案例分享

保健品行业 PEST 分析

1. 政治因素

保健品行业的政治因素主要体现在政府政策和法律法规的变化上。例如，2013 年国务院公布了机构改革方案，组建国家食品药品监督管理总局。这一变化使得保健品行业的监管更加严格，标准更加统一。法规的明确和监管的加强，虽然增加了企业的合规成本，但也促进了行业的健康发展，减少了假冒伪劣产品的出现。

此外，政府对保健品广告的宣传限制也是一个重要的政治因素。例如，法规规定不能宣传保健食品有治疗作用，这限制了企业在宣传上的自由度，但也保护了消费者的权益，防止了被虚假宣传误导。

2. 经济因素

经济因素对保健品行业的影响主要体现在市场需求和消费

者购买力上。随着人们生活水平的提高和健康意识的增强，保健品市场的需求逐渐增加。然而，消费者购买力的变化也会影响保健品的销售。例如，在经济不景气时期，消费者的购买力下降，可能会导致保健品销售量的减少。

3. 社会因素

社会因素对保健品行业的影响主要体现在文化、价值观和生活方式的变化上。随着人们对健康的关注度提高，保健品行业迎来了快速发展的机遇。同时，不同年龄、性别、地区和文化背景的消费者对保健品的需求也存在差异。例如，老年人更注重保健品的养生功能，而年轻人则更注重保健品的便捷性和时尚感。

4. 技术因素

技术因素对保健品行业的影响主要体现在新技术的应用上。随着科技的发展，新的生产工艺和材料不断涌现，为保健品行业带来了新的发展机遇。例如，纳米技术的应用使得保健品的吸收率提高。此外，互联网和大数据技术的应用也使得保健品行业能够更好地了解消费者需求和市场趋势，为产品的研发和销售提供了有力支持。

案例分享

新能源汽车行业 PEST 分析

1. 政治因素

新能源汽车行业的政治因素主要体现在政府政策和法律

法规的推动上。为了应对全球气候变化和环境问题，各国政府纷纷出台政策鼓励新能源汽车的发展。例如，中国政府提供了购车补贴、减免购置税等优惠政策，以推动新能源汽车市场的增长。这些政策为企业提供了巨大的市场机会，同时也要求企业必须符合相关法规和标准，确保产品的安全性和环保性。

2. 经济因素

经济因素对新能源汽车行业的影响主要体现在市场需求和消费者购买力上。随着油价的不断上涨和环保意识的提高，越来越多的消费者开始关注新能源汽车。市场需求的增加为企业带来了更多的商机。然而，新能源汽车的价格相对较高，消费者购买力的变化也会影响其销售。因此，企业需要通过技术创新和成本控制来降低产品价格，提高市场竞争力。

3. 社会因素

社会因素对新能源汽车行业的影响主要体现在文化、价值观和生活方式的变化上。随着环保意识的提高，越来越多的消费者开始关注产品的环保性能。这种变化使得新能源汽车行业迎来了快速发展的机遇。同时，不同地区的消费者对新能源汽车的接受程度也存在差异。例如，在一些环保意识较强的地区，新能源汽车的普及程度更高。

4. 技术因素

技术因素对新能源汽车行业的影响主要体现在新技术的应

用上。随着电池技术、电机技术和电控技术的不断发展，新能源汽车的性能和续航里程得到了大幅提升。这使新能源汽车更加符合消费者的需求，也为企业带来了更多的市场机会。此外，智能化和网联化技术的应用也使得新能源汽车具备了更多的功能和便利性，提高了消费者的使用体验。

通过以上两个案例的分析，我们可以得出企业可以全面了解外部环境对企业发展的影响，识别出潜在的市场机会和威胁，从而制定更加符合市场需求的战略计划。同时，PEST 分析也有助于企业提前预测市场变化和政策走向，为企业的长期发展提供有力支持。

四、波特五力模型

波特五力模型是由麦肯锡公司的管理学家迈克尔·波特在 1980 年提出的一种商业分析工具，它通过对行业内现有竞争者、潜在进入者、替代品、供应商和购买者五个方面的分析，帮助创业者了解行业竞争状况和发展趋势。

波特五力模型是指一个企业在市场竞争中所面临的五种力量。

（1）行业内的竞争：指同一行业内的企业之间的竞争，这些企业通常在产品或服务上具有相似的特点，争夺相同的客户群体。

（2）潜在进入者的威胁：指可能进入该行业的企业对现

有企业的竞争威胁，这些企业可能因为看到行业的盈利潜力而进入市场。

（3）替代品的威胁：指其他产品或服务替代现有企业所提供的产品或服务的可能性，这些替代品可能具有更好的性能、更低的价格或其他优势。

（4）供应商的议价能力：指供应商对企业采购决策的影响力，如果供应商数量较少，供应商的产品具有独特性或品质较高，那么供应商的议价能力就会增强。

（5）购买者的议价能力：指客户对企业产品或服务的需求情况和购买能力对企业的影响力，如果客户对产品或服务的需求量较大、购买力较强，那么客户的议价能力就会增强。

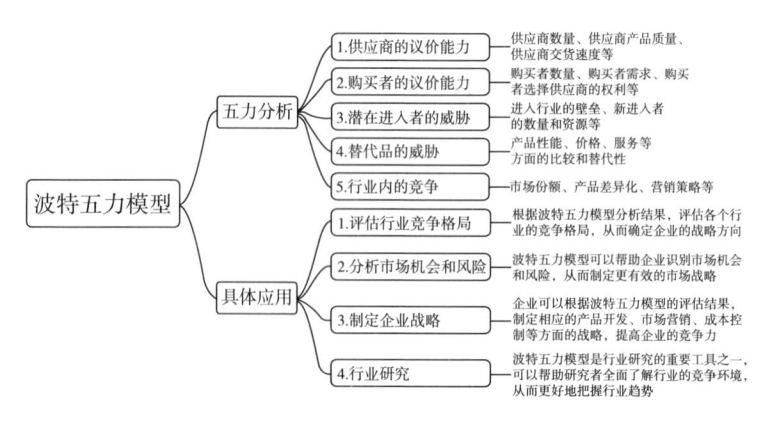

图 10 为波特五力模型导图。

波特五力模型	五力分析	1.供应商的议价能力	供应商数量、供应商产品质量、供应商交货速度等
		2.购买者的议价能力	购买者数量、购买者需求、购买者选择供应商的权利等
		3.潜在进入者的威胁	进入行业的壁垒、新进入者的数量和资源
		4.替代品的威胁	产品性能、价格、服务等方面的比较和替代性
		5.行业内的竞争	市场份额、产品差异化、营销策略等
	具体应用	1.评估行业竞争格局	根据波特五力模型分析结果，评估各个行业的竞争格局，从而确定企业的战略方向
		2.分析市场机会和风险	波特五力模型可以帮助企业识别市场机会和风险，从而制定更有效的市场战略
		3.制定企业战略	企业可以根据波特五力模型的评估结果，制定相应的产品开发、市场营销、成本控制等方面的战略，提高企业的竞争力
		4.行业研究	波特五力模型是行业研究的重要工具之一，可以帮助研究者全面了解行业的竞争环境，从而更好地把握行业趋势

图 10　波特五力模型导图

以下是波特五力模型应用案例。

案例分享

星巴克波特五力模型分析

1. 行业内竞争

星巴克作为咖啡连锁品牌的领军者，面临着来自多个竞争对手的挑战，例如，Costa Coffee、瑞幸咖啡等品牌都在争夺市场份额。这些竞争对手通过提供不同口味、不同价格定位的产品，以及独特的服务和营销手段来吸引消费者。星巴克需要通过不断创新和优化产品、提升服务质量以及增强品牌影响力来保持其市场领先地位。

2. 潜在进入者的威胁

咖啡连锁品牌行业看似门槛不高，但实际上潜在进入者面临着多方面的挑战。首先，品牌建设和市场推广需要大量的资金投入和时间积累。其次，咖啡行业对原材料的质量和供应稳定性要求较高，新进入者需要建立稳定的供应链体系。最后，星巴克等领先品牌已经建立了强大的品牌影响力和忠诚度，新进入者需要付出更多的努力来赢得消费者信任。

3. 替代品的威胁

咖啡作为一种饮品，面临着来自茶、果汁、能量饮料等多种替代品的威胁。这些替代品在口味、价格、健康属性等方面各有优势,可能会抢走一部分原本选择咖啡的消费者。然而,咖啡作为一种具有独特口感和文化属性的饮品,仍然保持着一定的市场地位。星巴克通过提供高品质的咖啡产品和独特的消费体验来增强消费者黏性,抵御替代品的威胁。

4. 供应商的议价能力

星巴克作为全球领先的咖啡连锁品牌,对咖啡豆等原材料的需求量巨大。因此,星巴克在与咖啡豆供应商谈判时具有较强的议价能力。同时,星巴克也通过多元化采购、建立长期合作关系等方式来降低对单一供应商的依赖程度,进一步增强自身的议价能力。

5. 购买者的议价能力

咖啡连锁品牌行业的消费者议价能力相对较弱。由于咖啡产品的差异化程度较高且消费者对品质和服务的要求也较高,消费者往往愿意为高品质的产品和服务支付更高的价格。星巴克通过提供高品质的产品和优质的服务来增强消费者的忠诚度和满意度,从而降低消费者的议价能力。

案例分享

携程波特五力模型分析

1. 行业内竞争

携程作为国内领先的在线旅游预订平台之一,面临着来自途牛、去哪儿网、飞猪等多个竞争对手的挑战。这些竞争对手通过提供不同的旅游产品、服务以及优惠活动来吸引消费者。携程需要通过不断提升用户体验、丰富产品线,以及加强品牌建设来保持其市场领先地位。

2. 潜在进入者的威胁

在线旅游预订平台行业看似门槛较低,但实际上潜在进入者面临着多方面的挑战。首先,互联网技术和数据处理能力是进入该行业的基础要求。其次,品牌建设、用户积累以及供应链整合等方面需要大量的时间和资金投入。最后,携程等领先品牌已经建立了强大的市场地位和用户忠诚度,新进入者需要付出更多的努力来赢得市场份额。

3. 替代品的威胁

在线旅游预订平台面临着来自传统旅行社、酒店直销、航空公司直销等多种替代品的威胁。这些替代品在某些方面可能具有价格优势或更直接的服务体验,但在线旅游预订平台通过提供便捷、全面的旅游产品和服务以及丰富的用户评价和推荐来增强用户黏性,抵御替代品的威胁。

4. 供应商的议价能力

携程作为在线旅游预订平台与航空公司、酒店、景点等供应商进行合作。在某些情况下,供应商可能具有较强的议价能力,尤其是当携程对某个供应商的产品或服务依赖程度较高时。然而,携程通过多元化合作、建立长期合作关系以及提供大数据支持等方式来降低对单一供应商的依赖程度,从而增强自身的议价能力。

5. 购买者的议价能力

在线旅游预订平台行业的消费者议价能力相对较弱。由于旅游产品的复杂性和个性化需求较高，消费者往往难以直接比较不同平台的价格和服务质量。同时，携程通过提供丰富的产品选择、优惠活动以及优质的客户服务来增强消费者的忠诚度和满意度，从而降低消费者的议价能力。

通过波特五力模型的分析，企业可以深入了解行业的竞争环境和自身面临的威胁与机会，这有助于企业制定更加符合市场需求的战略计划，并提前预测市场变化和政策走向，为长期发展提供有力支持。

五、产品生命周期模型

产品生命周期模型是一种产品管理模型，通过对产品从开发期、成长期、成熟期到衰退期的过程进行分析，帮助创业者了解产品的生命周期和市场表现。通过产品生命周期分析，创业者可以更好地把握产品的市场潜力和销售策略，从而制定更加科学合理的产品规划和销售策略。

图 11 为产品生命周期模型。

产品生命周期模型是一个描述产品从进入市场到最终退出市场的全过程框架。这个过程一般被划分为四个阶段，每个阶段都有其独特的特点和挑战。以下是产品生命周期模型

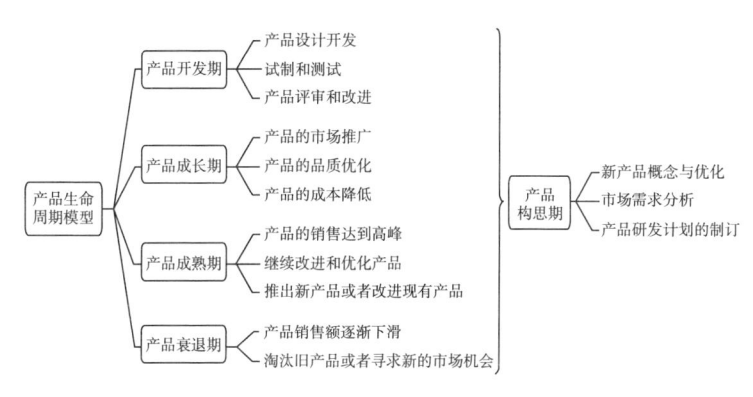

```
产品生命周期模型
├─ 产品开发期
│   ├─ 产品设计开发
│   ├─ 试制和测试
│   └─ 产品评审和改进
├─ 产品成长期
│   ├─ 产品的市场推广
│   ├─ 产品的品质优化
│   └─ 产品的成本降低
├─ 产品成熟期
│   ├─ 产品的销售达到高峰
│   ├─ 继续改进和优化产品
│   └─ 推出新产品或者改进现有产品
└─ 产品衰退期
    ├─ 产品销售额逐渐下滑
    └─ 淘汰旧产品或者寻求新的市场机会

产品构思期
├─ 新产品概念与优化
├─ 市场需求分析
└─ 产品研发计划的制订
```

图 11　产品生命周期模型

的详细解释。

1. 开发期（进入期）

在开发期，新产品刚刚进入市场，消费者对其知之甚少。由于新奇性和未知性，只有少数消费者愿意尝试购买，因此销售量通常较低。此阶段，企业需要投入大量资源用于产品推广和市场教育，以提高产品的市场知名度。由于技术不成熟和生产规模较小，产品成本相对较高，但企业仍需通过积极的营销策略吸引早期采用者。

2. 成长期

随着消费者对产品的逐渐了解和接受，成长期的产品开始受到更多消费者的青睐，市场迅速扩大。此阶段，产品开始大批量生产，生产成本逐渐降低，销售额和利润快速增长。然而，随着市场潜力的显现，竞争对手纷纷进入市场，竞争加剧。企业需要在保证产品质量的同时，不断提升服务水平，以巩固市场地位。

3. 成熟期

成熟期是产品生命周期的巅峰阶段，市场需求趋于饱和，潜在顾客减少，销售额增长缓慢甚至开始下降。此阶段，竞争愈发激烈，企业为了维持市场份额，可能需要增加促销费用，导致利润下降。此外，产品逐渐标准化，创新空间减少。企业需要密切关注市场动态和消费者需求变化，通过创新和技术升级来延长产品生命周期。

4. 衰退期

随着科技的不断进步和消费者偏好的变化，新的产品或替代品不断涌现，导致原有产品的销售额和利润迅速下降，产品逐渐退出市场。在衰退期，企业需要审时度势，制定合理的退出策略，如通过产品升级、转型或开发新产品。

以下是产品生命周期模型的应用效果。

市场预测：通过了解产品所处的生命周期阶段，企业可以预测市场的发展趋势和竞争态势，从而制定相应的市场策略。

营销策略指导：在不同的生命周期阶段，企业需要采取不同的营销策略。例如，在开发期可能需要大量的广告和促销活动来推广新产品；在成长期则需要关注产品质量和服务的提升以吸引更多顾客；在成熟期则需要通过创新和差异化来维持市场份额；在衰退期则需要考虑产品的替代或升级策略。

以下是产品生命周期模型应用案例。

案例分享

诺基亚手机的兴衰历程

开发期：20世纪90年代末至21世纪初，诺基亚凭借耐用、易用的特点在手机市场占主导地位。

成长期：诺基亚不断推出创新功能，如彩屏、拍照，强化其市场领导地位。

成熟期：智能手机时代来临，诺基亚未能及时转型。尽管其在成熟期推出了一些手机，但用户体验仍落后于iOS系统与安卓系统。

衰退期：iPhone和安卓手机崛起，诺基亚未能有效回应。Lumia系列手机转型迟缓，市场反应冷淡，错失先机，最终退出手机市场。

案例分享

苹果iPad的生命周期管理

开发期：2010年苹果iPad发布，作为平板电脑的全新形态，苹果面临市场挑战。通过营销强调产品的便携性与创新体验，引导消费者购买产品，重新定义了移动计算设备。

成长期：随着应用程序生态丰富，iPad 销量剧增，市场占有率迅速扩大。苹果通过不断迭代硬件与软件，如生产 Apple Pencil 等配件，加深用户体验。

成熟期：平板市场增长放缓，竞争加剧，iPad Pro 系列的推出，针对专业用户细分市场，强化生产力定位，采用降价策略吸引学生市场。

衰退期：面对大屏手机与轻薄型笔记本双重挤压，iPad 通过 iPad OS 系统独立，强化多任务处理能力，试图开辟新应用场景，延长产品生命。未来，苹果结合人工智能与穿戴设备的创新融合，将重新构建企业产品架构。

产品生命周期模型虽提供重要视角，但需结合市场趋势、技术革新、消费者行为等综合分析。企业应未雨绸缪，如苹果不断探索新领域，避免如诺基亚式僵化。通过持续创新、灵活调整策略，企业方能在市场波涛中稳行远航。

六、蓝海战略模型

蓝海战略模型是由金伟灿和勒妮·莫博涅两位教授在《蓝海战略》一书中提出的。其核心思想在于通过重新定义市场，发现并创造新的价值，从而为企业开辟一片全新的市场空间。

蓝海战略模型的核心思想包括以下内容。

1. **价值创新**

蓝海战略模型的核心在于价值创新。这种创新不仅仅局限于产品或服务的改进，更涵盖了商业模式的全面革新。通过深入洞察消费者需求，企业能够开发出更具吸引力的产品或服务，从而在满足消费者需求的同时，赢得市场份额。价值创新要求企业跳出传统思维模式，打破行业界限，创造前所未有的价值。

2. **打破市场边界**

蓝海战略鼓励企业打破传统市场的边界，寻求全新的市场机会。这包括拓展产品线，覆盖更广泛的消费者群体；扩大业务范围，进军新的地域市场；甚至重新定义行业规则，开创全新的商业模式。通过打破市场边界，企业能够发现那些被忽视的市场空间，从而实现快速增长。

3. **低成本**

在蓝海战略中，低成本并不是通过简单的价格战来实现的，而是通过优化供应链管理、提高生产效率、降低营销成本等方式来降低企业的整体运营成本。这种低成本策略使企业能够在保持竞争力的同时，为消费者提供更高品质的产品或服务。

图 12 为蓝海战略模型。

以下是蓝海战略模型应用案例。

```
                    ┌─ 1.价值创新 ─┬─ 跳出红海,寻找新的商机
                    │              └─ 避免竞争,创造新的需求
                    │
                    ├─ 2.价值细分 ─┬─ 精准定位目标客户
                    │              └─ 打造独特的竞争优势
                    │
                    ├─ 3.定制化生产 ┬─ 满足客户个性化需求
                    │               └─ 降低成本,提高竞争力
    蓝海战略模型 ───┤
                    ├─ 4.平台化战略 ┬─ 构建生态系统
                    │               ├─ 整合产业链资源
                    │               └─ 实现多方共赢
                    │
                    ├─ 5.技术创新驱动 ┬─ 技术创新是蓝海战略的关键驱动力
                    │                  ├─ 以技术引领市场,保持领先优势
                    │                  └─ 技术研发与市场需求紧密结合
                    │
                    └─ 6.持续优化 ──┬─ 持续改进,提升产品质量和服务水平
                                    ├─ 优化运营管理,降低成本
                                    └─ 不断拓展市场份额,实现可持续发展
```

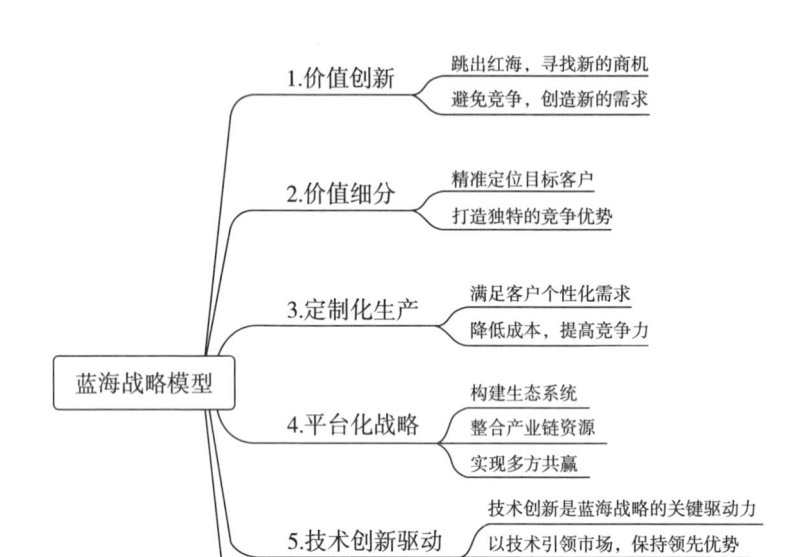

图 12　蓝海战略模型

案例分享

Casper 的床垫直销模式

1. 价值创新与顾客体验重塑

Casper 在成立之初,面对的是一个充斥着传统零售商和复杂选择的床垫市场。Casper 通过直接面向消费者销售的模式,简化了购买流程,提供单一型号的适合所有人的床垫,并承诺 100 天免费试睡,不满意全额退款。这种简洁、透明的购物体

验，加上高品质的产品，重新定义了床垫购买的顾客体验，打破了传统零售的局限。

2. 成本优化与市场扩张

Casper 通过线上销售省去了中间商成本，同时采用压缩包装技术，降低了物流和储存成本，使产品价格更加亲民。这种成本结构上的创新，配合强大的在线营销和口碑传播，使 Casper 迅速成为床垫市场的搅局者，进而推动了整个行业的变革。

案例分享

Airbnb 住宿共享经济

1. 价值创新与市场重构

Airbnb 于 2008 年创立，当时酒店业被大型连锁酒店集团主导，旅行住宿选择相对单一且价格昂贵。Airbnb 开创性地提出了住宿共享的概念，允许普通人将其闲置的房间或房产短期出租给旅行者，这一模式不仅为旅行者提供了丰富多样的住宿选择和当地生活体验，也为房东创造了额外收入。Airbnb 通过信任机制、评价系统和保险服务，解决了陌生人之间交易的信任问题，彻底改变了住宿行业。

2. 成本优化与体验创新

Airbnb 通过平台模式减少了传统酒店的建造和维护成本，同时，房东和旅行者分担了交易成本，使住宿价格更加亲民。

此外，Airbnb 强调的个性化和本土化体验，为旅行者创造了超越传统住宿的价值，开辟了住宿市场的新蓝海。

案例分享

美团的生活服务生态系统

1. 价值创新与市场边界拓展

美团自成立以来，最初以团购业务切入市场，随后逐步构建起一个涵盖餐饮外卖、酒店预订、电影票务、旅游出行、本地生活服务等多元化的生态系统。美团通过数字化改造传统服务业，实现了线上线下深度融合，为消费者提供了一站式生活服务解决方案，极大地拓宽了传统O2O的边界，创造了前所未有的便捷体验。

2. 成本效率与价值深化

美团利用大数据、AI算法优化配送路线，提升外卖配送效率，同时，通过规模经济降低商家入驻与运营成本，为消费者提供更优惠的价格。此外，美团不断深化服务内容，如推出"美团闪购""美团优选""拼好饭"等新业务，不断探索服务价值的深化与创新，巩固了其在生活服务领域的蓝海地位。

以上案例分享，展示了企业在各自领域内如何运用蓝海战略，通过深刻的市场洞察、模式创新以及对用户体验的极致追求，在市场中开辟出一片新天地，还带动了整个行业的发展与变革。

七、用户画像模型

用户画像模型是现代企业不可或缺的工具，它通过深度剖析目标用户群体，提炼出一系列标志性的特征标签，构建出一个详尽而精确的用户模型。这一过程不仅加深了企业对用户的理解，还为企业精准施策提供了科学依据。

如图13所示，用户画像模型包括以下内容。

1. **用户画像构建**

在项目启动初期，为了深刻洞悉用户需求与市场缺口，企业常采用多元化的研究手段。这包括但不限于问卷调查，用于广泛收集用户的基本信息与偏好，以及更为深入的面对面访谈与行为观察，直接倾听用户声音，直观捕捉他们的实际需求与行为模式，从而精确锁定市场痛点，为产品或服务的创新设计奠定基础。

2. **用户画像内容**

基本信息：涵盖年龄、性别、地域、职业及教育水平等，为用户的基础框架勾勒轮廓。

用户行为：涉及购买习惯、使用场景及社交互动，揭示用户的实际操作模式与选择偏好。

用户需求与偏好：深挖用户的内在需求、兴趣焦点与价值取向，是个性化服务的关键。

用户画像模型

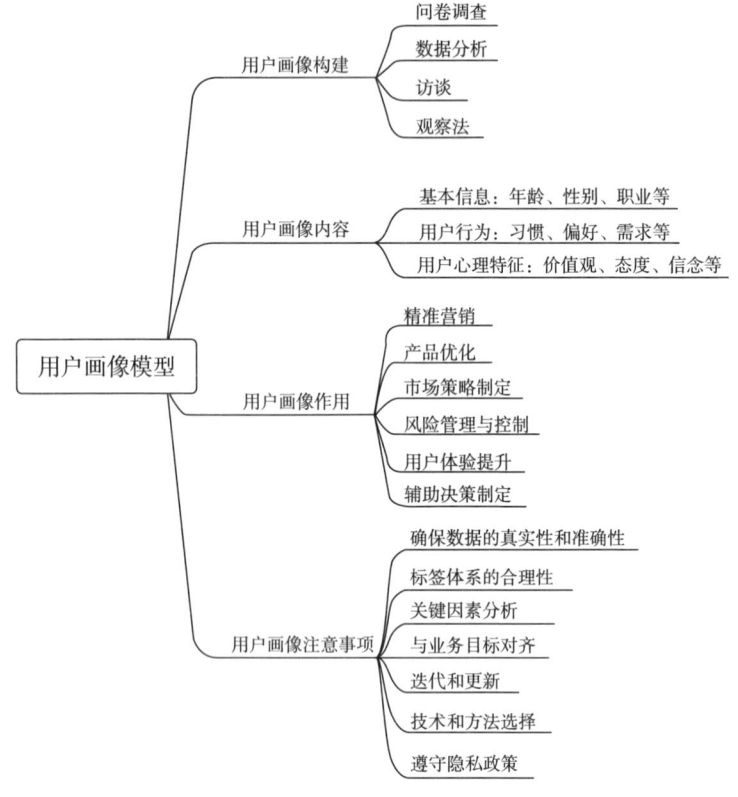

- 用户画像构建
  - 问卷调查
  - 数据分析
  - 访谈
  - 观察法
- 用户画像内容
  - 基本信息：年龄、性别、职业等
  - 用户行为：习惯、偏好、需求等
  - 用户心理特征：价值观、态度、信念等
- 用户画像作用
  - 精准营销
  - 产品优化
  - 市场策略制定
  - 风险管理与控制
  - 用户体验提升
  - 辅助决策制定
- 用户画像注意事项
  - 确保数据的真实性和准确性
  - 标签体系的合理性
  - 关键因素分析
  - 与业务目标对齐
  - 迭代和更新
  - 技术和方法选择
  - 遵守隐私政策

图 13　用户画像模型

用户心理特征：包括性格倾向、情感状态与生活态度，帮助理解用户决策背后的深层动机。

3. 用户画像作用

精准营销：用户画像使企业能够深入理解目标用户的需求和偏好，从而进行个性化的精准营销。通过推送定制化的内容、广告或优惠活动，提高营销效果，降低营销成本。

产品优化：用户画像有助于企业发现用户的痛点和需求，指导产品的设计和优化。通过不断优化产品功能和用户体验，提升用户满意度和忠诚度。

市场策略制定：用户画像有助于企业了解目标市场的规模、结构、特点等，为市场策略的制定提供数据支持。企业可以根据用户画像调整市场定位、竞争策略等，以更好地满足市场需求。

风险管理与控制：用户画像有助于企业识别潜在的高风险用户，提前采取风险防控措施。同时，用户画像还可以帮助企业发现异常行为或欺诈行为，保障企业和用户的权益。

用户体验提升：用户画像使企业能够深入了解用户的行为习惯和心理需求，从而提供更加符合用户期望的产品和服务。这有助于提升用户体验，增强用户黏性。

辅助决策制定：在企业战略规划、项目评估等方面，用户画像可以为企业提供有价值的参考信息。通过深入了解目标用户的需求和偏好，企业可以更加准确地评估项目的可行性和市场前景，为决策制定提供有力支持。

4. 用户画像注意事项

确保数据的真实性和合理性：确保用户画像建立在真实的数据之上，这包括定量数据（如人口统计学信息、购买历史等）和定性数据（如用户访谈、调查问卷反馈等）。

迭代和更新：随着市场的变化和技术的发展，用户的行为和偏好也会发生变化。因此，需要定期更新用户画像以反映最新的用户洞察。

以下是用户画像模型应用案例。

案例分享

如何提升电商平台用户购物体验

某电商平台希望提升用户购物体验，提高用户满意度和转化率，因此，决定引入用户画像模型来优化其个性化推荐系统。

1. 应用过程

数据收集与整合：电商平台收集了用户的注册信息、浏览记录、购买历史、搜索关键词等大量数据。将这些数据与第三方数据（如社交媒体数据）进行整合，形成用户数据库。

用户画像构建：基于用户数据库，平台构建了详细的用户画像，包括用户的基本信息、购物偏好、价格敏感度、品牌忠诚度等。使用算法对用户数据进行挖掘，提取出用户的关键特征，形成标签体系。

个性化推荐系统优化：根据用户画像的标签体系，平台对个性化推荐系统进行了优化。当用户登录平台时，系统会根据用户的画像标签推荐符合其偏好的商品。推荐算法还会根据用户的实时行为（如点击、浏览、购买等）动态调整推荐结果，实现精准营销。

2. 效果

通过引入用户画像模型优化个性化推荐系统，电商平台显著提高了用户满意度和转化率。用户能够更快地找到自己喜欢的商品，购物体验得到了极大提升。同时，精准营销也为企业带来了更高的收益。

案例分享

拼多多社交电商中的用户偏好挖掘与互动营销

用户基本属性分析：拼多多的用户主要集中在 20～40 岁，且女性用户占比较高。这一年龄段的用户通常对价格敏感，注重性价比，因此拼多多的低价策略能够吸引他们。同时，针对女性用户，拼多多可以推出更多符合她们兴趣和需求的商品。

用户行为习惯分析：拼多多深入分析用户的搜索、浏览和购买行为。例如，对于经常搜索和浏览家居用品的用户，平台会推送更多的家居用品。这种基于用户行为习惯的个性化推荐，有助于提高用户的购物体验和转化率。

用户消费习惯与偏好：拼多多的用户消费习惯特殊，他们更加注重价格和性价比。因此，拼多多平台上价格低廉、质量尚可的商品往往更受欢迎。为了满足用户的这一偏好，拼多多经常推出各种团购和打折活动，让用户享受到更多的优惠。

社交属性与用户黏性：拼多多的用户还具有一定的社交属性，他们喜欢通过分享商品链接、邀请好友等方式来获取更多的优惠。这种社交化的购物模式不仅增加了用户黏性，还扩大了平台的用户基数。同时，拼多多通过举办各种社交活动如拼团、砍价等，进一步增强了用户的参与感。

通过以上案例解析，我们可以清晰地看到，用户画像作为现代企业的核心工具，在实现精准营销、产品优化、市场策略定制乃至用户体验提升方面发挥着不可替代的作用。通过深度挖掘和应用用户画像，企业能够更加贴近用户，创造更加个性化、高效且富有吸引力的商业生态。

八、营销漏斗模型

营销漏斗模型，作为现代营销策略的基石，精心构建了一个从广泛的市场探索到精准客户获取的路径，形象地模拟了从潜在客户类型至忠实拥趸客户类型逐步筛选的动态过程。此模型深刻体现了转化率优化的重要性，强调在每一个步骤中提高效率，以驱动销售增长和市场扩张。

1. 核心阶段与策略

（1）潜在客户唤醒：漏斗之巅，覆盖了广泛却未明确表现出购买欲望的受众。此阶段聚焦品牌知名度的提升和初步吸引，利用多种渠道，如社交媒体营销和品牌合作，唤醒潜在客户的兴趣。

（2）接触与吸引：一旦引起客户注意，企业就需通过精准的广告、内容营销和参与式活动深化与客户的联系，引导他们从好奇走向探索，构建正面的第一印象。

（3）培养兴趣：在兴趣阶段，提供深度产品演示、案例研究和免费试用来加强客户对产品或服务的理解与兴趣，确保产品信息丰富且易于获取，促使客户从被动接收转为主动探寻。

（4）决策促进：当兴趣转化为购买意图，简化购物流程、提供限时优惠和强化售后服务承诺变得至关重要，以消除购买障碍，加速决策过程。

（5）忠诚与维护：完成交易后，转向深化客户关系，通过定制化服务、会员计划和持续的客户关怀维持忠诚度，激发复购和口碑传播。

图14为营销漏斗模型。

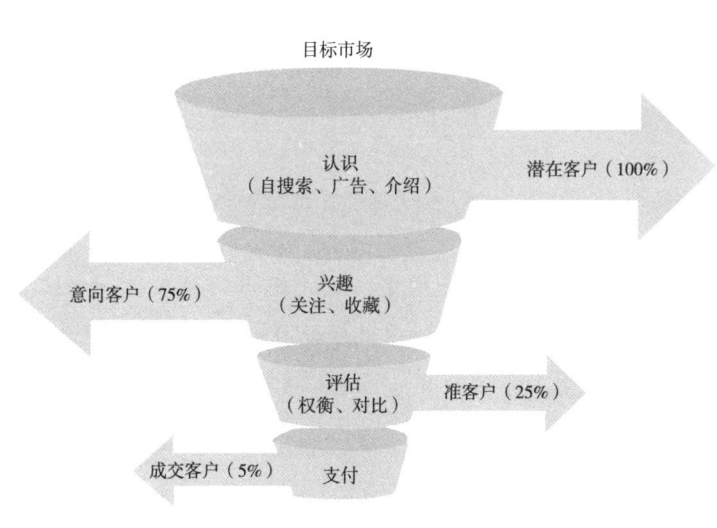

图14 营销漏斗模型

2. 如何理解营销漏斗模型

在理解营销漏斗模型时，我们可以将其视为一个逐步筛选和转化的过程。以目标市场存量中的 1 万个目标客户为例，通过有效的营销手段让潜在客户知晓品牌和产品；再经过兴趣和购买阶段的转化，最终可能只有 5% 左右的客户成交。然而，这 5% 的客户是企业最具价值的客户群体，企业应重点关注他们的需求和服务体验，并通过他们的影响力吸引更多潜在客户和意向客户。

因此，企业的重点在于快速接触并转化高价值的成交客户为忠实客户，同时不断挖掘和转化更多潜在客户和意向客户，最终通过持续的创新和优化扩大市场份额并提升品牌影响力。

以下是营销漏斗模型应用案例。

案例分享

Spotify 的个性化音乐体验

Spotify 运用营销漏斗模型，从大规模的潜在听众群体开始，通过社交媒体和合作伙伴推广吸引用户尝试其免费服务。在兴趣阶段，Spotify 利用算法推荐个性化播放列表，增加用户黏性。随着用户对平台产生依赖，Spotify 通过限时优惠和独家内容鼓励免费用户升级至付费订阅，提升转化率。对于已转化的付费用户，Spotify 不断优化用户体验，推出如"年度回顾"

等特色功能，增强用户忠诚度，有效展示了营销漏斗模型的全程应用。

📖 案例分享

小米的粉丝经济与社群营销

小米的成功部分归功于其对营销漏斗模型的独到运用。初期，小米通过论坛、微博等社交平台与人们积极互动，吸引了大量对科技感兴趣的潜在用户。在接触与兴趣阶段，小米开展线上直播、产品预热和粉丝投票等活动，有效培育了用户对新品的兴趣。购买阶段，小米采取饥饿营销策略和米粉节大促，刺激购买欲望。小米尤其重视忠诚阶段，建立了强大的粉丝社群，通过用户反馈循环改进产品，并提供MIUI更新和专属福利，形成了高黏性的用户基础，展示了深度客户关系管理的价值。

通过上述案例不难看出，营销漏斗模型不仅是理论框架，更是实践中推动业务增长的有效工具。企业需持续关注市场趋势，灵活调整策略，确保在每一阶段都能有效吸引、培育并转化潜在客户，同时不断深化与现有客户的联系，以此构建一个循环增强的营销生态系统，实现长期的品牌发展与市场领导地位。

九、增长黑客模型

增长黑客模型是一种用户增长策略框架，它起源于美国互联网行业，由 Dave Mc Clure 提出，主要通过数据分析和技术手段来实现用户的快速增长。这个模型的核心是 AARRR 转化漏斗，它包含了五个重要环节。

1. Acquisition（获取用户）

这一环节关注的是如何有效地吸引和获取新用户。

常用的手段包括搜索引擎优化、社交媒体推广、内容营销等。

2. Activation（激发活跃）

此环节旨在激活用户，使他们开始真正使用产品或服务。

策略可能包括提供优惠券、积分奖励或进行活动推广等，以提高用户的活跃度。

3. Retention（提高留存）

留存率是衡量用户忠诚度和产品黏性的重要指标。

增长黑客模型会通过各种方式来提高用户留存率，如个性化推荐、用户引导和收集用户反馈等。

4. Revenue（增加收入）

在用户留存稳定后，增长黑客模型会关注如何通过用户实现收益增长。这可能涉及推出付费功能、提供增值服务或进行广告推广等策略。

5. Referral（传播推荐）

最后一环是利用现有用户的口碑传播来吸引新用户。通过设计激励机制，鼓励用户分享和推荐产品到他们的社交网络，从而实现用户的自然增长。

增长黑客模型强调以数据为驱动，通过科学实验和数据分析来指导每一步策略的制定和优化。它不仅关注用户的获取，更注重用户全生命周期的管理和价值最大化。同时，增长黑客模型也倡导跨功能的团队协作，直接对增长指标负责，以实现高效、持续的用户增长。

图 15 为增长黑客思维导图。

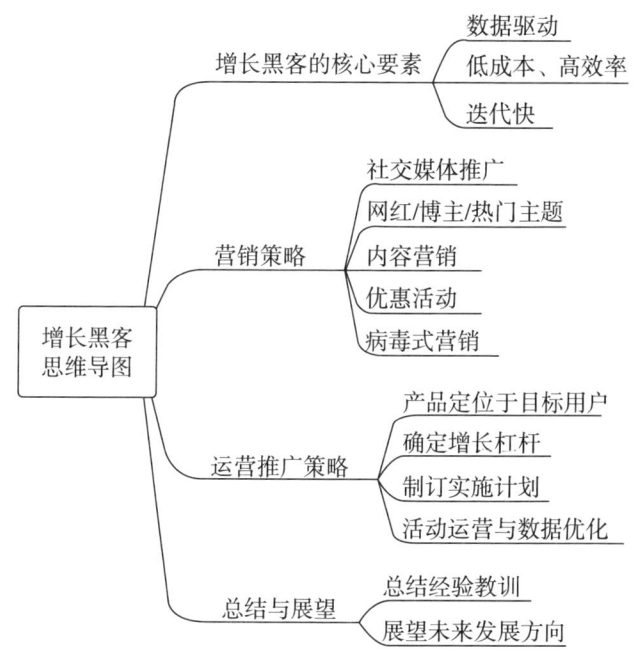

```
增长黑客      ┌─ 增长黑客的核心要素 ─┬─ 数据驱动
思维导图      │                      ├─ 低成本、高效率
              │                      └─ 迭代快
              │
              ├─ 营销策略 ───────────┬─ 社交媒体推广
              │                      ├─ 网红/博主/热门主题
              │                      ├─ 内容营销
              │                      ├─ 优惠活动
              │                      └─ 病毒式营销
              │
              ├─ 运营推广策略 ───────┬─ 产品定位于目标用户
              │                      ├─ 确定增长杠杆
              │                      ├─ 制订实施计划
              │                      └─ 活动运营与数据优化
              │
              └─ 总结与展望 ─────────┬─ 总结经验教训
                                     └─ 展望未来发展方向
```

图 15　增长黑客思维导图

图 16 为增长黑客模型与漏斗模型的组合应用。

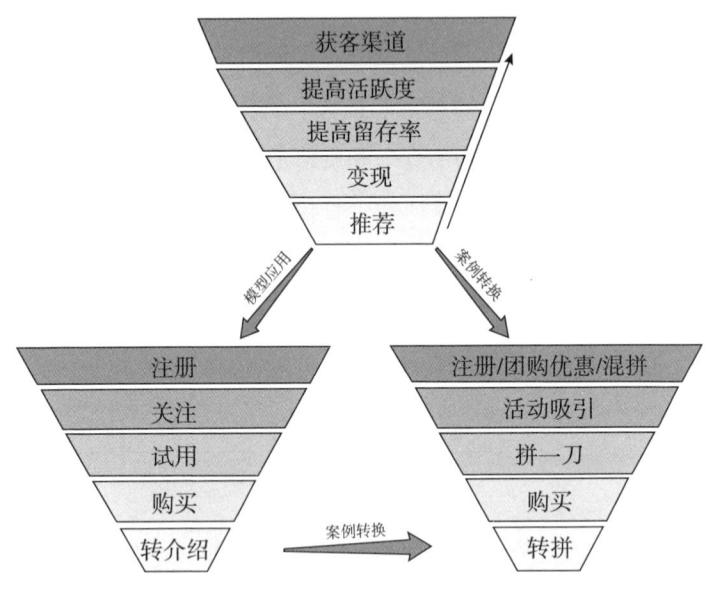

图 16　增长黑客模型与漏斗模型的组合应用

下面我们以拼多多为例，归纳增长黑客模型与漏斗模型的组合应用。

案例分享

拼多多增长黑客模型的应用

拼多多作为电商领域的一匹黑马，其成功背后离不开对增长黑客模型的精湛运用。以下，我们将详细剖析拼多多如何将增长黑客模型的核心理念融入其市场策略中，从而实现用户的迅猛增长与活跃度的持续提升。

1. 巧借社交网络，实现用户高效获取

利用微信社交关系导流：拼多多通过微信好友砍价、助力等方式，有效利用了微信的社交属性，实现了新用户数量的快速增长。例如，用户可以邀请好友帮助砍价，从而提高砍价力度，这种方式有效吸引了价格敏感型的用户群体。

综艺节目和预装软件合作：通过与热门综艺节目合作，以及与手机厂商合作将拼多多App作为预装软件，进一步扩大了品牌曝光度和用户获取渠道。

2. 优化用户体验，助力用户激活

拼多多在用户下载并安装App后，并不会立即要求用户注册和登录，而是在用户进入购物场景时，才引导其进行注册和登录。这一设计极大地降低了用户的使用门槛，减少了因复杂操作而导致的用户流失，从而有效提高了用户的激活率。

3. 多措并举，增强用户黏性

微信服务号推送消息：当用户管理系统发现用户活跃度下降时，会通过微信服务号推送信息，如"试用会员""免费领礼品"等优惠活动，引导用户重新使用拼多多App或小程序。

用户评价系统：拼多多鼓励用户在购买后对商品进行评价和分享，这些真实的用户评价成为拼多多口碑传播的重要部分。

优质的售后服务：提供完善的售后服务，解决用户在购物过程中遇到的问题，增强用户对平台的信任感和忠诚度。

4. 创新商业模式，驱动收入增长

拼多多独特的拼团模式，不仅激发了用户的购买欲望，还通过缩短购买决策路径，有效提高了转化率。此外，其巧妙利用 App 内的设计元素，如首页轮播通知，以及微信社交关系的分享功能，极大地促进了用户的消费行为，从而推动了平台的收入增长。

5. 打造传播闭环，实现用户裂变

砍价和助力活动：通过用户邀请好友参与砍价或助力活动，不仅增加了用户的参与度，还实现了病毒式传播，扩大了拼多多的用户基础。

拼多多通过精准运用增长黑客模型，成功实现了用户的高效获取、激活、留存与收入增长。其创新的商业模式和产品设计，不仅提升了用户体验，更推动了平台的快速发展。

通过上述案例及用户的真实体验，拼多多把消费者心理与社交的属性通过增长黑客模型和漏斗模型的演化应用，展现得淋漓尽致。

十、6W2H 分析法

6W2H 分析法，亦称八何分析法，是一种全面、系统的问题解决和决策制定工具。它通过七个维度的提问——What（什么）、Who（谁）、When（何时）、Where（哪里）、Why

（为什么）、Which（哪一个）、How（怎么做）、How much（多少钱）——来引导分析者深入剖析问题的本质，进而寻找切实有效的解决方案。这种方法有助于决策者全方位、无遗漏地思考问题，从而做出更为明智和全面的决策（见图17）。

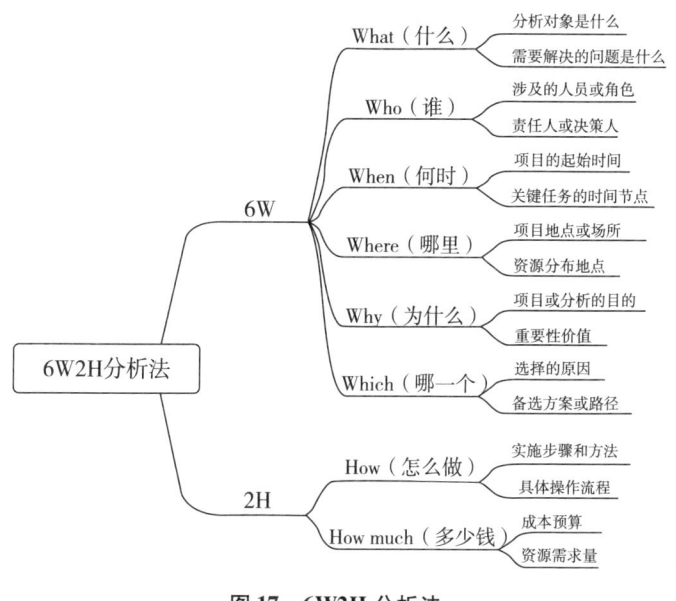

```
6W2H分析法
├─ 6W
│   ├─ What（什么）
│   │   ├─ 分析对象是什么
│   │   └─ 需要解决的问题是什么
│   ├─ Who（谁）
│   │   ├─ 涉及的人员或角色
│   │   └─ 责任人或决策人
│   ├─ When（何时）
│   │   ├─ 项目的起始时间
│   │   └─ 关键任务的时间节点
│   ├─ Where（哪里）
│   │   ├─ 项目地点或场所
│   │   └─ 资源分布地点
│   ├─ Why（为什么）
│   │   ├─ 项目或分析的目的
│   │   └─ 重要性价值
│   └─ Which（哪一个）
│       ├─ 选择的原因
│       └─ 备选方案或路径
└─ 2H
    ├─ How（怎么做）
    │   ├─ 实施步骤和方法
    │   └─ 具体操作流程
    └─ How much（多少钱）
        ├─ 成本预算
        └─ 资源需求量
```

图17　6W2H分析法

1. **明确问题或目标**

确定要分析的具体问题或要达到的明确目标。

2. **准备与分析**

列出6W2H的各个要素，并针对每个要素进行深入的分析和回答。

3. 整合与规划

将各个要素的分析结果整合成一个全面、系统的计划。

4. 执行

依据计划采取行动,并在执行过程中根据实际情况进行调整。

5. 监控与评估

持续监控执行过程,并根据预期成果进行评估。

6. 总结

任务完成后进行总结,以便在未来的工作中更好地运用6W2H分析法。

以下是6W2H分析法应用案例。

案例分享

餐饮企业门店促销项目

假设你是一家餐饮企业的经理,现在需要策划一个新的促销活动。我们可以运用6W2H分析法来进行规划。

What:策划一个新的促销活动,提升餐厅的客流量和销售额。

Why:近期餐厅客流量下降,需要通过促销活动吸引顾客。

Who:由市场部门负责策划,全体员工参与执行。

When:活动定于下月初开始,持续一个月。

Where：活动在餐厅内进行，同时通过网络平台进行宣传。

Which：在选择多个促销方案中，决定采取"买一赠一"的优惠活动，因为这在过去吸引了大量顾客。

How：通过社交媒体、邮件营销和店内宣传来推广活动，同时培训员工如何向顾客介绍活动。

How much：预计投入的广告费用为××××元，期望能增加×%的销售额。

案例分享

企业数字化转型项目

背景：一家传统制造业企业计划启动数字化转型项目，以提升生产效率和市场竞争力。

What：实现生产流程的数字化改造，引入智能管理系统。

Why：应对市场竞争加剧，减少人为错误，提高生产灵活性。

Who：由IT部门主导，生产、财务等部门紧密协作。

When：分阶段实施，第一阶段目标为一年内完成核心系统的部署。

Where：从生产线与供应链管理着手，逐步扩展到全公司。

Which：在多个供应商提供的数字化解决方案中，选择最适合企业现状的方案。

How：通过培训、试点运行、逐步推广的方式，确保平稳过渡。

How much：预计总投资×亿元，预计将在三年内实现正向回报。

通过以上案例，我们了解了6W2H分析法是一种全面审视问题和决策的方法，我们可以看到它在不同领域中的实际价值。

第三章 "验"

"验"

01

蛛网阵模型

蛛网阵模型是一个具有仿生特质的商业战略框架。它借鉴了蜘蛛织网捕猎的行为,并将其应用于商业环境。模型中的每个元素都有对应的商业含义,共同构成了一个全面的商业运营体系。

一、蛛网阵模型核心元素

1. 身体(项目顶层设计)

作为商业模型的基础,项目顶层设计支撑着整个体系,明确了项目的整体规划和核心价值。

2. 眼睛(风险与机会意识)

这象征着企业对市场动态的敏锐洞察,捕捉每一个潜在的商业机会。

3. 牙齿(捕获与执行能力)

这体现了企业迅速把握商机并有效执行的能力,确保在竞争中占得先机。

4. 八只脚(有效行动能力)

这映射了企业在多个关键领域的运作能力,包括核心业务、变现途径、管理机制等，保障了企业的灵活行动。

5. **蛛丝与蛛网（战术与策略）**

这代表了企业在市场中的具体实施策略，如同蜘蛛的蛛网，既精细又坚韧，能够灵活应对各种环境。

图 18 为蛛网阵模型初始形态。

图 18　蛛网阵模型初始形态

二、蛛网阵模型的特点

（1）轻盈：象征企业在商业环境中的灵活性和抗风险能力。对于创业者来说，选择低风险或"无痛式"创业项目开始"练习"为宜。

（2）细微：代表了企业对市场变化的深入洞察，抓住每一个商机。

（3）黏性：通过提供优质的产品和服务，建立与顾客的紧密联系。

（4）韧性：展现了企业面对市场波动时的适应性和稳定性。

（5）修复：体现了企业在遇到挑战时的自我修复和持续发展能力。

以上这些特性在商业环境中能够转化为抗风险、深入市场、建立客户关系、适应变化和自我修复的能力。

图19为蛛网阵模型的演变形态。

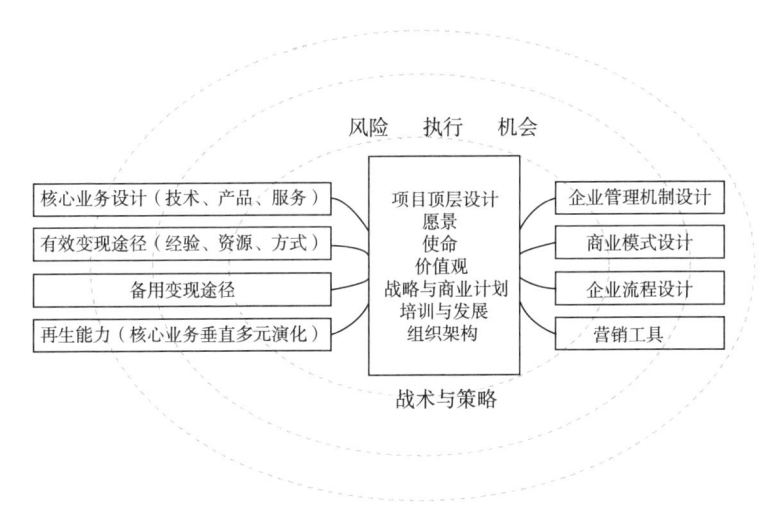

图19 蛛网阵模型的演变形态

三、蛛网阵模型的应用

1. 发现机会的能力

应培养敏锐的市场洞察力，捕捉瞬息万变的商业机会。以"怕上火，喝王老吉"为例，其成功之处就在于精准地捕捉到了消费者对健康饮品的迫切需求，从而巧妙地将一个传统的凉茶品牌推向了市场前沿。

2. 项目顶层设计

清晰的顶层设计是商业成功的关键，它应简洁明了地传达项目的核心价值和目标。例如，"让天下没有难做的生意"这句话就清晰地传达了阿里巴巴的使命。

3. 核心业务设计

深入思考产品或服务解决的痛点和独特价值，打造具有市场竞争力的核心业务。例如，"步步高点读机，哪里不会点哪里"这句广告语就精准地阐述了产品的核心功能，帮助家长解决辅导孩子学习的难题。

4. 有效的变现渠道

有效的变现渠道是企业实现盈利的关键环节。除了直销和多层次营销等传统方式，我们还可以考虑通过发展线下销售人员或代理商来进一步扩大市场份额。更重要的是，我们需要不断探索和创新变现渠道，以适应不断变化的市场环境。

为了建立更多有效的变现渠道，我们可以采取以下措施。

第一，深入研究商业模式的底层设计逻辑，寻找潜在的商业机会和变现路径。

第二，提升人脉资源整合能力，通过列名单等方式，主动寻找和整合所需的人脉资源，从而建立起更为广泛的变现渠道。比尔·盖茨与 IBM 的合作就是一个典型的例子，比尔·盖茨家中的人脉资源为他的职业发展提供了宝贵的支持。

第三，善于借助外力，通过合作、联盟或购买等方式快速建立自己的销售渠道。这包括利用电子商务平台、与线下零售商合作、开展网红营销、采用直销和多层次营销方式,以及进行大规模的广告投放和品牌推广等。

5. 备用变现渠道

除了主渠道,探索备用变现渠道对企业的未来发展也至关重要。这需要团队根据自身特点创新研究,甚至考虑跨界合作的可能性,如德云社在相声领域外的多元发展(戏曲、综艺、影视、餐饮等)。

6. 再生能力

再生能力是企业持续发展的动力源泉。它指的是企业根据时代需求不断创新和迭代产品的能力。以华为为例,其在ICT(信息与通信技术)基础设施、终端业务以及云服务等多个领域都展现了强大的再生能力。华为通过技术创新和产品线拓展,及时应对市场多变的需求,保持行业领先地位。

以下是蛛网阵模型应用案例。

案例分享

亚马逊的蛛网阵模型应用

身体:亚马逊的顶层设计是成为全球最大的电子商务平台,提供一站式购物体验。

眼睛:亚马逊集团创始人贝佐斯敏锐地察觉到互联网将彻底改变零售业,并抓住了电子商务的巨大商机。

牙齿:亚马逊不仅捕捉到了这个机会,还通过强大的物流系统和客户服务，将机会转化为实际的商业成果。

八只脚：亚马逊从图书销售起步，逐渐扩展到全品类商品、云服务、流媒体服务等多个领域，展示了其强大的多元化运营能力。

蛛丝与蛛网：通过 Prime 会员制度、精准推荐算法等策略，亚马逊构建了一个紧密的商业网络，牢牢抓住顾客。

案例分享

阿里巴巴的蛛网阵模型应用

身体：阿里巴巴的顶层设计是构建全球化的电子商务平台，促进中小企业的发展。

眼睛：马云早在互联网刚刚兴起时就看到了电子商务的巨大机会，并致力推动中国乃至全球的电子商务发展。

牙齿：阿里巴巴不仅成功打造了淘宝、天猫等多个电商平台，还通过支付宝等金融服务进一步巩固了其商业地位。

八只脚：从电商起步，阿里巴巴逐渐扩展到物流、云计算等多个领域，缔造了庞大的商业帝国。

蛛丝与蛛网：通过"双 11"等营销活动以及大数据分析等策略，阿里巴巴紧密地连接了消费者和商家，打造了强大的商业生态。

蛛网阵模型为企业提供了一个全面、灵活的商业战略框架。它强调了顶层设计的重要性，倡导敏锐的市场洞察力，以及在不断变化的市场中保持创新和适应性。通过这个模型，企业能够更好地捕捉商机，建立稳固的客户关系，并实现持续发展和成功。在实际应用中，企业应根据自身特点和市场环境，灵活运用蛛网阵模型，以实现最大的商业价值。

以下是一些具体的结合策略。

第一，明确项目顶层设计。

确立核心价值：在创业初期，我们首先要明确项目的核心价值，即解决什么痛点、满足什么需求。这是项目顶层设计的核心，也是后续所有商业活动的出发点。

制定长远规划：基于核心价值，我们需要制定一套长远的发展规划，包括短期目标、中期战略和长期愿景，这有助于保持团队的凝聚力和方向感。

第二，强化风险与机会意识。

建立市场监测机制：需要设立专门的市场监测团队或找到合适的工具，密切关注行业动态、竞争对手动向和消费者需求变化，及时捕捉潜在的市场机会。

培养危机感：虽然创业需要乐观的心态，但也要时刻保持危机感，对可能出现的风险进行预判和防范。通过定期的风险评估会议，让团队成员对风险保持警觉。

第三，提升捕获与执行能力。

快速响应市场：一旦捕捉到市场机会，要迅速组织团队进行评估和决策，确保能够在第一时间抢占市场先机。

强化执行力：制订详细的执行计划，明确责任人和时间节点，确保各项任务能够按时、保质保量完成。同时，建立有效的激励机制，激发团队成员的积极性和创造力。

第四，构建多维度的行动能力。

聚焦核心业务：在资源有限的情况下，优先发展核心业务，确保在特定领域内形成竞争优势。

拓宽变现渠道：除了核心业务，我们还要积极探索多种变现渠道，如增值服务、广告收入、会员费等，以增加企业的收入来源。

优化管理机制：建立科学的管理机制，包括人才管理、财务管理、流程管理等，确保企业能够高效运转。

第五，灵活应对市场变化。

制定灵活的战术与策略：根据市场变化及时调整企业的战术和策略，确保能够适应不断变化的市场环境。

保持组织的灵活性：鼓励团队成员提出创新性的想法和建议，对合理的建议给予采纳和实施。同时，保持组织的扁平化结构，加快决策速度。

第六，注重自我修复与持续发展。

建立反馈机制：定期对项目进展进行评估和反馈，及时发现并纠正存在的问题。通过持续的反馈循环，不断优化项目运营。

培养再生能力：鼓励团队成员持续学习和创新，不断推出新产品或服务以满足市场需求。同时，关注行业发展趋势和新兴技术动态，为企业的未来发展储备技术和人才。

综上所述，蛛网阵模型为创业实践提供了一套系统性的指导思路。通过明确项目顶层设计、强化风险与机会意识、提升捕获与执行能力、构建多维度的行动能力、灵活应对市场变化以及注重自我修复与持续发展等方面的努力，我们可以更好地应对创业过程中的各种挑战和机遇，实现企业的稳健成长。

02

九步成商沙盘推演模型

九步成商沙盘推演模型，简称九步推演模型，融合了多个经典模型的应用设计，可根据不同的项目和商业环境，灵活添加或减少模型套件，适用于创业者进行商业沙盘推演。九步推演模型的核心优势在于其实用性和易操作性，无论是个人还是团队，都可以轻松进行实操模拟（见图20）。

一、九步推演模型核心架构

1. 创业项目

（1）项目描述：深刻揭示产品、技术或服务直面的挑战及创新解法。

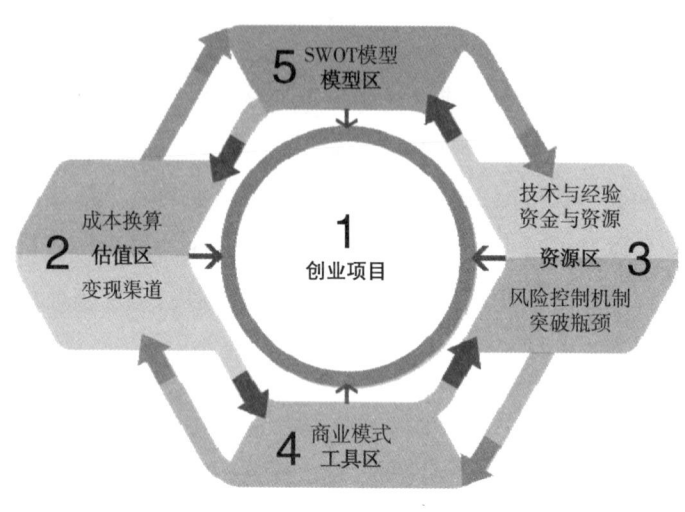

图 20 九步推演模型

（2）客户画像：深入剖析目标客户，包括他们的身份、需求、偏好，以及他们所在的领域等。

（3）市场规模与前景分析：全面评估市场的现有规模和未来的发展潜力，为项目定位提供数据支持。

2. 估值区

（1）获客策略与成本优化：探索多元化客户触及路径，精算成本，同时洞悉支付意愿与能力。

（2）付费主体锁定：精准识别项目中的价值付费群体，确保收益基石稳固。

（3）成本换算：在从项目调研到产品研发、市场推广等各个环节，详细计算所需投入的成本。

（4）资金评估与规划：根据项目规模和发展需求，评估所需的启动资金和运营资金。同时，规划好资金来源和后续的资金筹措计划，以降低资金链断裂的风险。

（5）变现渠道与商业模式构建：设计多元化的变现模式和渠道，增强项目的盈利能力和灵活性。

3. **资源区**

资源区指创业项目能有效利用的资源。

（1）掌握的核心技术：如知识产权、技术壁垒等能被转换利用的核心技术。

（2）掌握丰富的行业经验：如个人经验、团队经验、管理经验、财税经验、市场经验等。

（3）风险控制机制：针对市场风险、技术风险和管理风险等制定全面的风险控制机制，确保项目稳健运行。

（4）未来技术或能力储备：针对项目当前及未来可能发生的瓶颈有清晰的认知，并能规划好应对方法。

4. **工具区**

这部分要求选择或设计适合企业、符合市场需求的商业模式。

5. **模型区**

这部分要求选择模型进行套用。

根据不同的阶段，套用不同的模型。例如，SWOT模型与波特五力模型适用于创业项目早期（种子轮、天使轮）。待项目整体呈现后，再套用蛛网阵模型对整个创业项目进行论证，通过复盘形成方法论。

二、九步推演模型扩展模块

九步推演模型扩张模块包括：SWOT 模型、波特五力模型、蓝海战略模型、营销漏斗模型、黑客增长模型、6W2H 分析法、蛛网阵模型等。我们可根据不同项目、不同场景、不同阶段套用不同的模型进行推演。

三、九步推演模型实战应用

1. 核心定位

在项目启动之初，利用"望"字要领，明确核心目标，精准描绘用户画像。

2. 用户洞察与成本效益

利用"挖"字要领，深化用户理解，精准定位目标群体，同时优化成本结构与定价策略，实现高效的市场渗透。

3. 资金筹集与资源配置

精准评估资金需求，科学规划资本运作，尤其需要关注初创企业的股权架构，为日后的长远发展奠定基础。

4. 模型融合推演

根据项目特性，巧妙融入多种模型进行深度推演。在沙盘推演过程中，需要设置干扰因素以提高推演的精度。

干扰因素包括技术瓶颈、经验不足、资源匮乏或收益渠道受限等，以模拟现实中可能遇到的挑战。

通过九步推演模型，我们能够找到克服这些干扰因素的有效策略，从而优化项目计划，提高自身抵御风险的能力。

案例分享

新型智能手环创业项目示例

1. 项目描述

产品：一款集健康监测、运动追踪、智能提醒等多功能于一体的智能手环。

解决方案：为用户提供便捷的健康管理和生活服务。

2. 客户画像

目标客户：注重健康管理的年轻人或健身爱好者。

需求：实时健康数据监测，运动数据记录，智能提醒功能。

3. 市场规模与前景分析

现有市场规模：全球智能穿戴设备市场持续增长，预计年复合增长率达××%。

发展潜力：随着人们健康意识的提高，市场需求有望进一步扩大。

4. 获客成本与策略

获客途径：社交媒体广告，合作伙伴推广，线下健康活动、运动活动。

付费能力与意愿评估：目标客户群具有一定的消费能力，且对健康科技产品感兴趣。

5. 买单主体识别

买单群体：主要为健康意识较强、爱使用科技产品的人群（年轻人居多）。

6. 成本换算

研发成本：软件开发、硬件设计、测试等成本。

市场营销成本：广告成本、推广活动成本等。

生产成本：原材料采购、制造、质检等成本。

7. 启动资金

预计需要×××万元用于产品研发、生产和市场推广。

8. 运营资金

每月运营费用预计为××万元。

9. 变现渠道与商业模式构建

变现模式：直接销售手环，提供增值服务，如数据分析、健康咨询等。

销售渠道：电商平台、实体店铺、合作伙伴分销。

10. 风险控制机制

市场风险：通过持续的市场调研，及时调整产品策略。

技术风险：加强研发投入，保持技术不断更新。

管理风险：建立完善的管理体系和团队激励机制。

案例分享

可持续农业技术服务平台示例

1. 项目描述

产品：集成智能灌溉系统、土壤监测、病虫害预警等功能的数字化农业技术服务平台。

解决方案：为小型农场主提供精准的农业管理方案，提升农作物产量，同时减少水资源和化肥使用，促进农业可持续发展。

2. 客户画像

目标客户：中小型农场主，尤其是对现代化农业技术感兴趣的年轻农民。

需求：提高农作物产量，降低成本，打造环境友好型农业实践活动。

社群/领域：农业合作社、农村地区科技推广组织。

3. 市场规模与前景分析

现有市场规模：随着农业现代化转型加速，智慧农业技术市场呈现快速增长态势。

发展潜力：政策支持和环保意识提升为可持续农业技术提供了广阔的发展空间。

4. 获客成本与策略

获客途径：农业展会、政府合作项目、农业科技论坛推广。

付费能力与意愿：农场主对于能提高效率并带来长期经济与生态效益的技术有较高的付费意愿。

5. 付费主体锁定

买单群体：愿意投资技术以提高生产效率的小型农场主。

6. 成本换算

研发成本：软硬件开发、算法优化、系统集成等。

市场推广成本：参加展会、线上广告、合作推广等。

运营维护成本：系统升级、客户服务、技术支持等。

7. 资金评估与规划

启动资金：预计初期需要××万元用于技术开发和初步市场推广。

运营资金：月均运营成本约××万元，包括人员工资、服务器维护等。

8. 变现渠道与商业模式构建

变现模式：平台服务订阅费、硬件设备销售、增值服务（如定制化农业咨询）。

销售渠道：线上平台、农业设备经销商、政府合作项目。

9. 风险控制机制

市场风险：紧密跟踪行业动态，灵活调整服务内容。

技术风险：持续地进行研发投入，确保技术领先。

管理风险：建立专业团队，实施项目管理标准化流程。

在以上案例中，九步推演模型不仅帮助创业者从宏观角度规划整个商业策略,还通过具体步骤指导团队在实际操作中如何应对各种挑战,确保项目在每个阶段都能稳健推进,最终实现商业目标。

03
变现为王

谈及门店或企业的运营成本,许多人首先会想到房租、人工、装修、设备等。然而,在我看来,这些虽为重要因素,却并非最大的成本。真正的最大成本隐藏于商品滞销的无奈、客流稀缺的冷清与销路不通的困境之中。试想,假如一种产品拥有200%以上的丰厚利润,却无人问津,无法售出;而另一种产品尽管利润微薄,却供不应求,受到消费者的热烈欢迎。两相对比,不言而喻,如何实现快速变现才是企业应深思的问题。

"变现为王"不仅是一句振奋人心的口号,更是企业生存与发展的金科玉律。为了在这条路上稳步前行,企业必须不懈地探寻更稳定且持续的变现模式,并灵活运用多元变现策略,以确保收入来源的多样性和稳定性,为企业的长远发展奠定坚实的基础。

要实现这一目标,首要之事是深入理解并巧妙应用商业模式底层设计模型。我们需要明确自己的产品或服务究竟为谁创造价值、创造何种类型的价值，以及价值创造的各个环节与流程如何运作。同时，结合变现主体模型（见图21），明确项目的核心价值所在，精准识别并锁定目标客户群体，深入了解他们的所在之处、数量规模，以及谁最有可能为我们的产品或服务买单。唯有如此，才能在变幻莫测的市场中稳扎稳打，实现变现为王的目标。

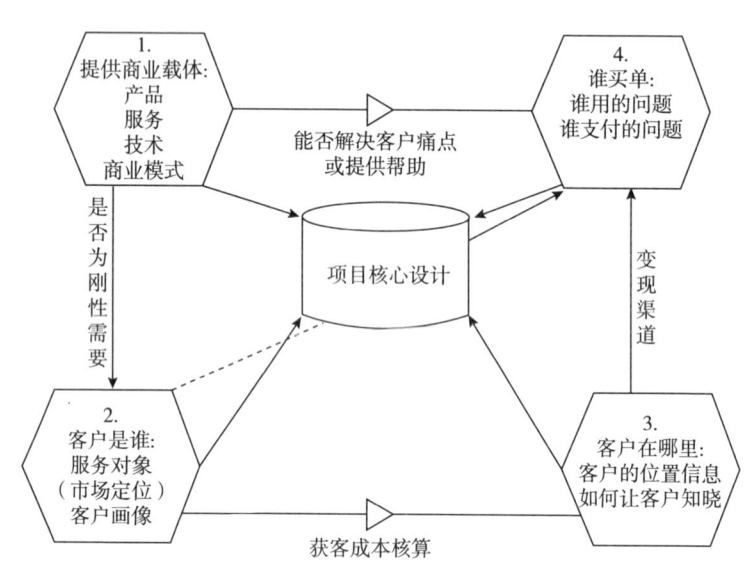

图21 变现主体模型

以下是构建多元变现策略的七大关键点。

第一，理解客户需求，深化产品或服务的价值。

为客户提供个性化解决方案，深入研究目标客户的具体需求，增强客户黏性，从而提高单位客户的价值贡献。同时，在核心产品或服务的基础上，开发附加功能或增值服务，满足客户更深层次的需求，创造额外收益点。

第二，拓展变现渠道，拓宽收入来源。

多渠道布局，结合线上与线下渠道，利用电商平台、社交媒体、自有网站等多平台扩大产品或服务的市场覆盖面。同时，构建合作伙伴网络，通过分销、联名合作、平台入驻等方式，共享客户资源，实现共赢。

第三，注重定价策略的灵活性与创新。

采用分层定价模式，推出基础版、高级版、企业版等不同级别的服务或产品，满足不同客户群体的需求与支付意愿。同时，采用订阅模式获得持续的服务收益，同时提供按需付费选项，增加消费的灵活性和吸引力。

第四，采取数据驱动的决策制定。

利用大数据分析客户行为，识别高价值客户特征，优化产品或服务的功能与营销策略，提升变现效率。同时，对不同变现策略进行 A/B 测试，如价格点、促销活动、付费模式等，以数据指导实践做出最佳选择。

第五，着力品牌建设与社区经营。

通过高质量的产品与卓越的客户服务建立品牌忠诚度，促使客户成为口碑传播者，间接促进变现。同时，建立客户社区，鼓励客户生成内容（UGC），这不仅能增强客户参与度，还能通过社区营销实现变现。

第六，注重持续创新与市场适应性。

持续追踪市场动态与技术进步，快速迭代产品或服务，确保始终与市场需求保持同步。

第七，注重新兴领域探索。

关注并探索新兴市场与技术前沿，如区块链、人工智能等，寻找新的变现机会。

案例分享

Spotify 是如何成功实施"变现为王"策略的

Spotify 作为全球知名的音乐流媒体服务提供商，从 2008 年成立至今，已成长为行业领头羊，其变现策略深刻展示了"变现为王"原则。

1. 免费 + 付费双轨制模式

Spotify 最初通过提供免费、广告支持的音乐流服务吸引大量用户。这种模式降低了用户体验门槛，迅速扩大了用户基数。同时，Spotify 推出付费订阅服务，提供无广告干扰、高品质音乐音质及离线播放等功能，吸引对体验有更高要求的用户。这种双轨制既保证了广泛的用户覆盖，又实现了高质量用户的变现。

2. 数据驱动的个性化推荐

Spotify 利用先进的算法分析用户听歌习惯，提供高度个性化的播放列表。这不仅提升了用户体验，也促进了用户留存与付费转化率，因为个性化服务让用户更愿意为获得更精准的内容推荐而付费。

3. 广告变现

对于免费用户，Spotify 通过插播音频广告和展示广告实现变现。它还提供了高度定向的广告投放，利用用户数据为广告商提供精准的广告定位，增加广告效益。

4. 合作伙伴与品牌合作

Spotify 与众多品牌和艺术家合作，推出独家内容、品牌歌单等。这些合作不仅丰富了平台内容，也为 Spotify 带来了额外的收入来源。

5. 拓展新市场与服务

随着业务的成熟，Spotify 开始探索新的变现领域，比如通过收购播客公司和开发自己的播客内容，进入播客市场。播客因其高参与度和广告潜力，成为 Spotify 的新增长点。

6. 社区与用户参与

Spotify 通过"Wrapped 年度回顾"功能，让用户回顾一年中的音乐旅程，并可以选择分享到社交平台。这种高度互动的方式不仅增强了用户黏性，也是强大的口碑营销，间接推动了用户增长和品牌影响力增长。

综上所述，企业应围绕深化产品价值与拓宽变现渠道两大核心策略，不断创新与适应市场变化，灵活运用多元化的变现方式，确保企业的持续盈利与健康成长。

案例分享

麦当劳的 8 种变现方式

1. 产品差价

麦当劳日常经营的收入，其中利润最高的是可口可乐。不过这也仅占麦当劳营收的 10%，同时这部分的利润大部分都分给了加盟商。这部分就是现实收益。

2. 供应链

麦当劳的门店食材都必须由总部统一供应。这部分就是整合收益部分。

3. 商业地产

麦当劳是全球最大的商业地产公司，在进入一个商圈之前，其会提前把该商圈的大部分店铺买下来或签订长租约（几十年）。除了开设自己的门店，麦当劳会将剩下的店铺都租出去。麦当劳三个字本身就自带流量，能够带动人气，周边的店铺房租自然会提升。这让麦当劳能够赚取大量的利润，因为店铺的所有权是归属总部而非加盟商，这在很大程度上也能控制加盟商，防止跑店窜货。长久以来，这部分利润都是麦当劳的最大利润来源，约占总利润的四成。

4. 系统加盟费

系统加盟费包括加盟费、管理费、品牌使用费、保证金等。同时，麦当劳有一个汉堡大学，通过给门店系统培养和输出人才及产品，让麦当劳在收取利润的同时，不断绑定加盟商。

5. 玩具

麦当劳曾推出"史努比环游世界"的系列玩具，购买套餐再加些钱就可以获得一个史努比玩具。该活动直接引发了人们的抢购热潮，广州一麦当劳门店的玻璃大门甚至被挤爆。麦当劳玩具的生产成本往往很低，所以有人说麦当劳除了是连锁快餐企业，还是玩具制造商。

6. 电影票房

2017年，电影《大创业家》上映，讲述的是麦当劳如何从一家汽车餐馆发展为全球快餐连锁巨头的故事。虽然麦当劳仅投资了几百万美元，但该片在北美最终斩获至少4000万美元票房。

7. 广告费

麦当劳门店每年需要向麦当劳总部上交门店营业额的一部分作为集团统一广告推广费用。

8. 品牌授权

2017年，中信股份、中信资本联合凯雷投资集团以20.8亿美元收购麦当劳在中国的业务，并获得20年特许经营权，麦当劳中国公司亦正式更名为"金拱门（中国）有限公司"。这部分费用除了税收，其余基本是利润。现在品牌授权的收益也基本占到了麦当劳总营收的50%以上。这就是典型的衍生收益。

我们需要从以上这些企业的成功案例中汲取灵感，不断创新和尝试，让创业项目成为一台多引擎驱动的盈利机器，向着变现为王的目标全速前进！

04

九步成商投资法则

九步成商投资法则是一套精心设计的系统化方法论，旨在指导我们评估和构建商业项目。

一、九步成商投资法则的三大核心

（1）"望"：观察并发现问题，识别行业或项目的核心痛点。

（2）"挖"：深入挖掘相关信息，包括竞争关系、市场、团队、技术、经验、人脉和资源等。

（3）"验"：进行背景调查，包括调研报告、行业竞争情况、商业推演等。

二、九步成商投资法则的投资分析面

（1）客户在哪里：确定目标客户群体。

（2）公司顶层设计：进行公司定位，包括人群、价格和成本核算。

（3）股权架构：涉及团队组合、管理机制、资源匹配程

度和赋能。

（4）管理机制与流程设计：设计有效的管理机制和流程，考虑资源的有效嫁接和蛛网阵模型的应用。

（5）品牌宣传策略：制定品牌宣传策略，考虑如何销售和变现。

（6）投入与回报周期：评估商业模式，考虑项目的投入和回报周期，进行项目整体评估。

图 22 为九步成商投资法则。

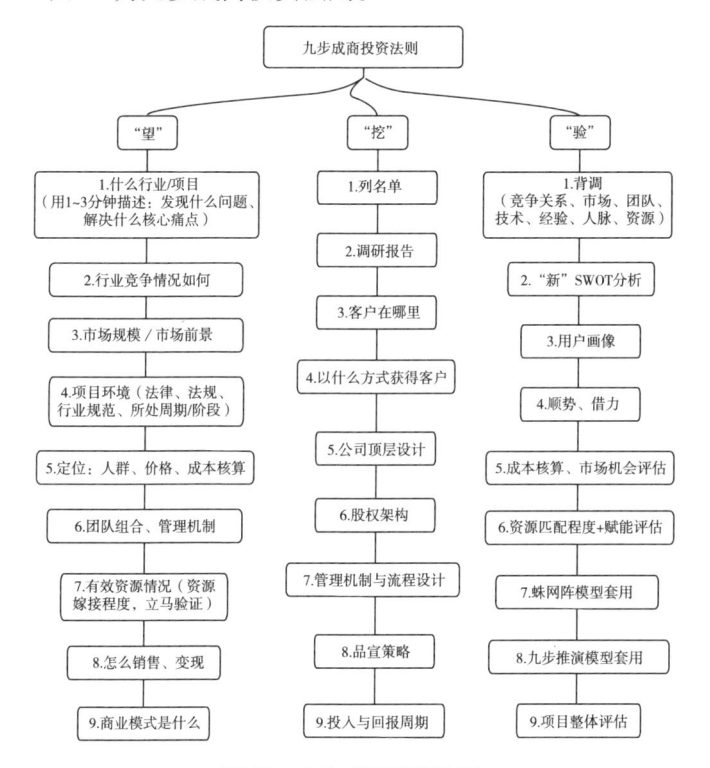

图 22　九步成商投资法则

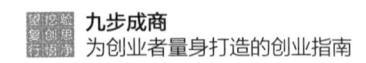

这条投资法则强调了投资和创业过程中对项目全面分析和准备的重要性，可以更清晰地理解项目潜力、风险和所需资源，为投资决策提供支持。

第四章
"复"

"复"

01
复盘之路：总结过去，启迪未来

在当今瞬息万变的世界中，个体与企业无不在寻求超越的路径，以逃离平凡的枷锁。真正的超越之旅并非坦途，它根植于深度的自我洞察与不懈的迭代进步之中。复盘，这一古老而强大的智慧，成为我们洞悉问题本质、把握规律、实现自我与企业跃迁的关键钥匙。

一、复盘的独特魅力

复盘不仅是洞察力的试金石，更是企业与职业生涯韧性的重要来源。例如，世界500强企业的兴衰更迭中，那些未能在复盘中敏锐捕捉时代脉搏的企业，往往难逃辉煌不再的命运。

二、复盘的实践价值

在快速变迁的时代洪流中，复盘显得尤为宝贵。它如同一面明镜，映照出我们的不足与错误，引导我们在正确的道路上稳步前行。复盘更是知识与技能的黏合剂，将分散的能力整合为一套系统，赋予我们以更强的适应力，从容迎接未知的挑战。

三、复盘的复利效应

如果从今天起,我们能朝着正确的方向不断迈进,10年后能和其他人拉开多大差距呢?我们来做个简单的计算,如果我们的一项能力每天在复盘后提升1%,一年后这项能力就达到了惊人的37倍。这是一个惊人的数字,它意味着我们的能力将会得到质的飞跃。而一旦把时间拉长到10年,这种复利效应将会更加明显。我们能在任何赛道中脱颖而出,成为真正的佼佼者。

四、复盘的步骤

1. 回顾目标

明确复盘的具体项目或事件。

(1)回顾在项目或事件开始时所设定的具体目标,这些目标应该是可衡量和可实现的。

(2)列出这些目标的关键点,包括期望达成的结果、时间表。

2. 评估结果

对照设定的目标,评估实际达成的结果。

(1)使用具体的数据和事实来支持评估,避免主观臆断。

(2)对于每个目标,判断是否达成还是部分达成。

(3)识别出成功的方面和需要改进的方面。

3. 分析原因

对于未达成的目标或需要改进的领域，进行深入的原因分析。

（1）使用6W2H分析法，识别出导致错误或失败的根本原因，而不是表面现象。

（2）对于成功的方面，也要分析原因，以便在未来继续运用这类做法。

4. 总结经验

在分析原因的基础上，总结经验和教训。

（1）识别出项目或事件中的有效做法和无效做法。

（2）思考在执行过程中遇到的问题、挑战和解决方案。

（3）思考是否有新的方法或策略可以尝试，以提高未来的效率和效果。

5. 制订新计划

根据复盘的结果和经验教训，制订新的执行计划。

（1）对于需要改进的方面，提出具体的改进措施和行动计划。

（2）对于成功的做法，思考如何将其应用到未来的项目或事件中。

（3）设定新的目标、KPI和期望结果，确保它们与企业的整体战略和愿景保持一致。

（4）明确新的时间表和关键里程碑，确保项目能够按计划进行。

图 23 为复盘模型，表 1 为复盘模型的具体解析。

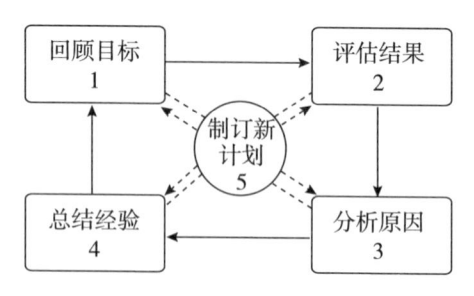

图 23　复盘模型

表 1　　　　　　　　　复盘模型解析

原则	释义	应用
回顾目标	原目标是什么，目标量是多少	明确自己想要什么，目前达到什么程度了
评估结果	目标是否达成，数量是否完成	个人 KPI、团队 KPI、企业 KPI 完成情况
分析原因	关键因素是什么，客观原因是什么，主观原因是什么	做对了什么，做错了什么
总结经验	总结经验和教训	怎么改进，谁来执行，谁来督导，新的目标是什么
制订新计划	是否有明确的时间节点	根据新的目标，建立年、季、月、日的执行计划，以及新的 KPI 考核标准

在复盘的过程中，还需要注意以下几点。

第一，保持客观和公正。在评估结果和分析原因时，要保持客观和公正的态度，避免被个人偏见影响。

第二，鼓励参与和反馈。复盘需要团队成员共同参与，应鼓励所有相关人员积极参与并提供反馈。通过集体讨论和分享经验，可以更好地识别问题并提出解决方案。

第三，及时行动。复盘不仅是一个总结过去的过程，更重要的是要指导未来的行动。因此，在复盘结束后，要及时将结果和经验教训转化为具体的行动计划，并付诸实施。

第四，持续改进。复盘是一个持续改进的过程。通过不断地回顾、评估、分析和总结过去的经验，可以不断地优化未来的行动和结果。

下面讲三个案例，我们可以与自己的企业进行对照，以辅助自己作出有效的判断。

案例分享

华为的"蓝军参谋部"与项目复盘实践

华为作为全球领先的ICT解决方案供应商，其内部独特的"蓝军参谋部"机制及项目复盘实践，是其在技术创新与市场应变方面持续领先的秘密武器之一。

1. "蓝军参谋部"的设立

华为的"蓝军参谋部"是一个特殊的组织，其职责在于扮演假想敌的角色，从竞争对手的角度出发，对华为现有的战略、产品、市场策略等进行挑战和批判。这个部门的存在，就是为了不断给"红军"（即华为的主流业务部门）制造压力，通过模拟外部竞争环境的变化，促使公司内部进行深度复盘和策略调整，以提升企业的危机意识和创新能力。

2. 华为手机业务的转型复盘

从2010年开始，华为手机业务面临重大转折点。当时，智能手机市场正被苹果和三星等国际品牌主导，华为手机虽占据一定的市场份额，但在高端手机市场表现平平。华为通过一系列复盘会议，深入分析了自己在设计、品牌、用户体验等方面与竞争对手的差距。

（1）回顾目标与评估结果。

回顾目标：华为手机业务最初的目标是扩大市场份额，但复盘后发现，仅追求市场份额的增长无法支撑长期的品牌价值和利润空间。

评估结果：找出了自家产品与市场领头羊的差距，特别是在设计创新、操作系统体验、品牌影响力等方面。

（2）分析原因。

内部原因：认识到产品设计缺乏差异化，品牌建设不够国际化，以及在高端手机市场的定位不清晰。

外部原因：市场趋势变化迅速，消费者对手机品质和体验的要求日益提升。

（3）经验总结。

总结了成功进入运营商渠道的经验，同时认识到必须加强直接面向消费者的营销策略，并学习苹果和三星在品牌建设和产品创新上的成功要素。

（4）制订新计划。

技术革新：加大研发投入，推出自主芯片（如"麒麟"系列）、优化 EMUI 操作系统，投入研发"鸿蒙"系统。

品牌升级：推出 P 系列和 Mate 系列手机，专注摄影技术和高端手机市场，提升品牌形象。

市场策略：加强全球市场营销，特别是欧洲市场的布局，同时在国内市场深化线上线下融合销售。

3. 结果与影响

经过几年的持续复盘与策略调整，华为手机业务实现了华丽转身，逐渐在全球范围内获得认可，特别是在摄影功能上赢得了消费者的青睐，华为手机的全球市场份额显著提升，品牌影响力也大大增强。

案例分享

微信从即时通信 App 到超级 App 的复盘迭代之路

微信由腾讯公司于 2011 年推出，旨在解决人们在移动端的通信需求。然而，腾讯并没有满足微信仅为聊天工具，而是通过不断的复盘和迭代，使微信逐步演化成一个集社交、支付、娱乐、生活服务为一体的超级 App，深刻改变了人们的日常生活方式。

1. 复盘实践

（1）初始目标与市场反馈。

回顾目标：腾讯打造微信的最初目标是为人们提供一种简洁、高效的移动沟通方式，以对抗当时流行的米聊等同类产品。

评估结果：微信发布初期，其通过简洁的界面设计和语音消息功能获得了用户喜爱，但市场反馈显示，用户对更多元化的服务有潜在需求。

（2）深入分析与策略调整。

分析原因：微信团队通过复盘发现，单一的通信功能不足以维持用户黏性，需探索新的增长点。

经验总结：借鉴腾讯QQ的社交生态构建经验，结合移动互联网特性，微信团队开始尝试集成社交网络、游戏、支付等功能。

（3）功能迭代与创新。

朋友圈：2012年，微信推出朋友圈功能，让用户能够随时分享动态，增强了用户的社交互动，提高了用户活跃度。

微信支付：2013年，微信支付上线，依托庞大的用户基数，迅速占领了移动支付市场，与支付宝分庭抗礼。

微信小程序：2017年，微信正式发布小程序，降低了开发者门槛，丰富了应用生态，使微信成为"无须下载，即用即走"的应用平台。

微信公众号与视频号：通过不断优化内容创作者生态，增加信息流和短视频内容，微信进一步提升了用户黏性和使用时长。

（4）不断优化与反馈循环。

微信团队建立了快速响应用户反馈的机制，每次功能更新后，都会密切关注市场反应，通过数据监控和用户调研，快速迭代优化。

2. 结果与影响

通过持续的复盘与迭代，微信从一个简单的即时通信工具成长为拥有超过10亿活跃用户的超级平台。它不仅改变了人们的社交方式，还促进了移动支付、内容创作、电商等多个行业的发展，成为中国移动互联网时代的重要标志之一。

案例分享

柯达公司的衰落——错过数码相机革命的复盘教训

柯达公司——这家美国的影像巨头，曾是胶片摄影时代的代名词，其品牌影响力遍及全球。然而，在数码摄影技术兴起的浪潮中，柯达却未能成功转型，最终导致其业务严重萎缩，破产重组。

1. 失败原因分析

（1）未能充分复盘技术趋势。

忽视技术变革：早在1975年，柯达就发明了世界上第一台数码相机原型，但公司高层未能通过复盘预见数码技术对胶片市场的颠覆性影响。

错失转型时机：柯达过分依赖利润丰厚的胶片业务，忽视了对数码技术的深入投资和市场推广，错失了向数码时代过渡的最佳时机。

（2）业务模式与市场定位固化。

业务模式僵化：柯达的商业模式高度依赖胶片销售和冲印服务，当市场转向数字化时，这种模式变得不再可行。

市场定位模糊：在数码相机市场，柯达既没有像尼康、佳能那样深耕专业摄影领域，也没有在消费级市场建立起明显的优势，市场定位模糊不清。

（3）内部创新与决策障碍。

内部创新受限：虽然柯达内部有数码技术的研发，但企业文化和决策流程阻碍了这些创新成果的快速商业化。

决策犹豫不决：面对市场的快速变化，柯达在是否全面转型数码业务上犹豫不决，错失了通过复盘调整战略的黄金时期。

2. 结果与教训

申请破产保护：2012年，柯达申请破产保护，标志着这家百年企业的辉煌不再。

品牌与业务重塑：虽然之后柯达通过重组重新聚焦商业打印和专业影像解决方案，但其在消费市场的主导地位已不可挽回。

通过以上案例，我们可以深刻理解复盘如何驱动企业从战略调整到技术创新，再到市场应对的全方位蜕变。这些案例不仅是企业史的片段，更是复盘价值的鲜活证明，激励我们在各自的征途中，以史为鉴，不断复盘，形成自己的方法论，持续进化，开启更加辉煌的未来篇章。

02

复制成功的核心引擎——优化流程管理的艺术

成功往往不是偶然的，而是一系列精心策划和执行的结果。本节将重点探讨复制成功的内驱动力，即三个关键流程管理：战略流程、人员流程和运营流程。

一、战略流程：绘制成功的蓝图

战略流程是企业成功的起点，包括战略规划、战略分解、战略执行和战略评估四个关键环节。

（1）战略规划：企业需要明确其愿景、使命和长远目标。通过市场分析、竞争对手研究和内部资源评估，制定清晰的战略规划。

（2）战略分解：将整体战略细化为可执行的计划和任务，确保每个部门和团队都明白自己的责任和目标。

（3）战略执行：通过有效的资源配置和流程管理，确保战略计划得以实施。这需要强大的领导力和团队协作。

（4）战略评估：定期回顾和评估战略执行的效果，及时调整和优化，以应对市场变化。

二、人员流程：构建强大的团队

人员流程是企业成功的基石，包括人员招聘、人员培养和人员管理三个关键环节。

（1）人员招聘：吸引和选拔具有潜力和符合企业文化的人才。这不仅是要找到技能匹配的候选人，更是要找到能够与企业共同成长的伙伴。

（2）人员培养：通过系统的培训和发展计划，提升员工的专业技能和领导能力。这包括内部培训、职业发展规划和激励机制。

（3）人员管理：建立公平、透明的管理体系，确保员工的参与感和归属感。这涉及绩效评估、反馈机制和职业晋升路径。

三、运营流程：确保高效执行

运营流程是战略流程和人员流程的实践战场，它包括日常的执行方式和操作流程。

（1）执行方式：根据企业战略和市场环境，制定高效的工作方法和流程。这可能包括项目管理、流程优化和技术创新。

（2）操作流程：明确每项任务的步骤和标准，确保团队成员能够按照既定流程高效协作。这需要持续的流程监控和改进。

四、内驱动力：创新与适应

复制成功不仅是复制过去的经验，更重要的是在复制的基础上进行创新和适应。

（1）收集反馈：从客户、员工和市场收集反馈，了解自身的优势和不足。

（2）鼓励创新：创造一个开放的环境，鼓励员工提出新想法和改进建议。

（3）灵活调整：根据反馈和市场变化，灵活调整战略和流程，以保持竞争力。

特别提示：在组织的运营框架中，三个关键流程相互依存、相互支撑。第一，战略流程专注确定组织的方向和目标，即解决"做什么"的问题。它为企业或组织设定了长期和短期的目标，并规划了实现这些目标的路径。第二，人员流程聚焦"谁来做"的问题，即如何选拔、培养、激励和保留那些能够推动战略执行的关键人才。一个优秀的人员流程旨在确保组织具备足够数量和质量的人力资源，以支持战略目标的实现。第三，运营流程关注"怎么做"的问题，即如何将战略转化为具体的行动计划，并确保这些计划在日常运营中得到有效执行。运营流程涉及组织内部各个部门和团队之间的协作与配合，以确保资源的高效利用和目标的顺利达成。

值得注意的是，人员流程的制定必须以战略流程为导向，确保所选拔和培养的人才能够符合战略需求。同样，运营流程的建立也需要紧密围绕战略流程展开，确保所有运营活动都服务于战略目标的实现。这种相互关联和相互支持的关系构成了组织运营的核心框架。

下面讲一讲海底捞的案例，供大家参考。

案例分享

火锅品牌的崛起——海底捞

1994 年，海底捞创始人张勇在四川省简阳市开设了第一家门店。其发展历程犹如一部波澜壮阔的史诗，凝聚了无数智慧与汗水，最终铸就了一个享誉中外的餐饮品牌。

1. 初创与本地发展

海底捞在初创期便以提供超越顾客预期的服务为核心竞争力，如免费擦鞋、美甲等，迅速在简阳地区积累了良好的口碑。随后，通过本地扩张，海底捞在四川及周边地区逐步建立了品牌知名度。

2. 区域扩张与品牌塑造

此阶段，海底捞走出了四川，向西安等外地城市扩张，实现了从地方品牌向全国品牌的转变。其无微不至的"变态服务"成为品牌标志，如等待时的零食、水果、棋类游戏等，均赢得了消费者的广泛赞誉。同时，海底捞开始注重品牌文化的传播，形成了一套独特的企业文化和服务理念。

3. 国际化与上市

海底捞进军国际市场，在新加坡、美国等地开设分店，实现了国际化布局。为确保快速扩张的顺利进行，海底捞在人力资源管理、供应链管理和信息技术方面进行了大量投入，成立海底捞大学进行人才培养，优化了后台运营效率。2018年，海底捞成功在香港证券交易所上市，成为国际知名的餐饮品牌。

4. 持续创新与数字化转型

面对数字化浪潮，海底捞积极拥抱变革，推出智能餐厅、在线预订、自助点餐等服务，提升了顾客体验和运营效率。同时，持续推出新菜品、优化服务流程，保持品牌的新鲜感和吸引力。在面临市场竞争加剧和消费者偏好变化的挑战时，海底捞展现出了灵活应变的能力，如在新冠疫情防控期间推出的外卖服务、安全就餐措施等。

5. 成功秘诀分析

海底捞的成功秘诀在于其始终坚持以顾客为中心的服务理念，以及卓越的内部管理和持续的创新。具体体现在以下几个方面。

（1）卓越的服务体验：通过提供超预期的服务，海底捞赢得了广泛好评，形成了口碑效应。

（2）强大的企业文化：倡导"双手改变命运"的核心价

值观，注重员工培养和激励，保证了服务质量和团队稳定性。

（3）精细化管理与供应链整合：高效的供应链管理和内部运营体系，保障了食材的新鲜和菜品质量，支撑其进行大规模扩张。

（4）持续创新：无论是服务创新、菜品更新还是数字化转型，海底捞始终保持创新能力，引领行业潮流。

（5）品牌建设与营销：通过良好的品牌形象和有效的市场营销策略，海底捞树立了高端火锅的品牌形象，吸引了大量忠实顾客。

综上所述，海底捞的成功不仅是一个火锅品牌的崛起，更是精细化管理、创新实践和企业文化建设的典范，其成功经验对于其他企业具有重要的借鉴意义，值得深入研究和学习。

03

如何通过复盘开启低风险创业之路？

在创业的大潮中，无数人都怀揣着改变人生的梦想。然而，对于创业者来说，最大的挑战往往在于启动资金有限和经验匮乏。传统行业创业的投入高、风险大，对于资金和经验都有限的创业者而言，显得尤为困难。幸运的是，当下，轻资产创业成为可能。创业者只需一台计算机或一部手机，便可开启创业之路。

一、为何选择轻资产创业？

轻资产创业的最大优势在于其低成本和低风险。与传统行业相比，轻资产创业无须承担高昂的场地租赁、设备投入和日常运营管理费用，这使创业者能够用有限的资金快速启动项目，并通过不断试错和优化，积累经验和实力。

二、如何运用复盘进行创业？

复盘是创业过程中不可或缺的一环，它能帮助创业者不断总结经验教训，优化创业策略，确保每天都能有所进步。具体而言，创业者可以通过以下几个步骤运用复盘进行创业。

1."望"：自我审视与市场洞察

深入了解自己的兴趣、技能和优势，选择与自己匹配的创业方向。通过市场调研，了解目标市场的需求和竞争状况，为创业项目的设计提供依据。

2."挖"：查漏补缺与商业模式设计

深入分析创业项目的潜在风险和挑战，制定相应的应对策略。设计符合市场需求的商业模式，确保项目的盈利能力和可持续性。

3."验"：项目验证与风险排除

通过试点项目或小规模测试，验证创业项目的可行性和市

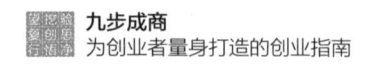

场接受度。然后，根据测试结果及时调整项目策略和方向，排除潜在风险。

三、适合创业者的低风险创业项目类型

根据自我复盘和市场调研的结果，下面为创业者推荐几类低风险创业项目。

1. 销售型公司

（1）利用人脉资源：私域社交网络销售，可以锁定某个社区，广泛积累社区人脉，建立私域用户群落，提供服务、产品等。

（2）融入大企业：有大企业资源，将大企业资源进行市场化转换；或融入大企业生态圈，如融入阿里巴巴、腾讯、小米、华为等企业的生态圈，服务亿万用户群体。

（3）使用电商平台或社交媒体进行产品销售，如通过微商、直播带货等方式。例如，某创业者在社交平台利用直播形式销售美妆产品，凭借其产品知识储备与亲和力，快速积累了大量粉丝和稳定的客户群体。

2. 预售型公司

通过预售模式筹集资金和资源，降低初期投入成本。如某新兴科技产品公司通过预售的方式筹集资金，并根据预售量调整生产规模，有效降低了库存和运营风险。

3. 技术型公司

提供软件开发、网站设计等技术服务，满足企业或个人的

需求。例如，加拿大电商软件开发商 Shopify 致力为中小企业提供简便的电商建站服务，凭借技术创新快速占领市场。

  对于创业者来说，选择轻资产创业、运用复盘进行创业规划和调整是明智的选择。通过自我审视、市场洞察、查漏补缺、项目验证等步骤，创业者可以更清晰地认识自身和市场，选择适合自己的创业项目。同时，结合成功案例的启示，创业者可以更加有信心地面对创业过程中的挑战和困难，实现自己的创业梦想。

第五章 "创"

"创"

01

创新：冲破思想枷锁，重塑企业生态

在当今这个瞬息万变的时代，创新已从一种奢侈的选择演变成企业存续与繁荣的必经之路。它不仅是对旧有模式的革命性突破，更是开辟未知商业领域、缔造非凡市场价值的关键钥匙。美团、字节跳动等企业的崛起，为我们提供了生动的范例，证明了构建以共创、共享为核心的企业生态系统，超越传统雇佣模式的束缚，是通往成功的关键。

创新始于思维的解放，敢于质疑现状，勇于探索未知。它鼓励我们走出舒适区，开辟未曾有人踏足的道路。在变化中寻找机遇，用创新的力量重塑市场，创造价值。

滴滴出行有1900万名左右的司机；美团外卖有超700万名骑手；抖音点亮了数不胜数的内容创作者的创意火花。这无不证明，个体的微光聚合起来，便能绽放出璀璨夺目的光彩。尽管这些参与者并非按照传统方式领取固定薪资，但平台机制确保了他们的贡献与收获基本成正比，尤其是抖音的内容创作者，许多人不仅在经济上获得了相应的回报，更在个人价值塑造、技能提升及职业发展上实现了飞跃。

对于传统企业而言，要摆脱管理僵化，实现凤凰涅槃般的转型，关键在于如何将雇员转化为共创者，将传统的雇佣模式升级为更加灵活高效的合伙制。这一步骤不仅是对员工潜能的一次深度激活，更是企业竞争力重塑、市场壁垒加固的战略举措。

面对转型的需求，传统企业亟须挣脱管理僵化的束缚，实现向共创共赢模式的华丽转身。核心策略在于将员工转变为共创者，从雇佣关系进化到更灵活高效的合伙人制度。这一转变不仅是潜能的释放，更是重塑企业竞争力、增强市场壁垒的战略布局。

企业可搭建开放的创新平台，创建一个包容性强的环境，让员工的每项创意都有实践的舞台。企业可借鉴谷歌的"20%时间"制度，谷歌鼓励员工在工作中探索个人项目，从而激发了Gmail、Google Maps等产品的诞生。

同时，企业需要构建公平的利益共享机制，设计透明合理的利益分配方案，确保员工的努力与企业的成就直接挂钩。华为的"员工持股计划"就是典范，通过股权激励，既增强了员工的责任感与归属感，也为企业的持续发展注入了强大的内生动力。

诚然，企业转型不会一帆风顺，需要企业领导者勇于革新，具备远见卓识以及在实践中不断调整优化的勇气。但只要坚持不懈，便能在时代浪潮中破浪前进，构筑一个活力四射、创新驱动的未来企业蓝图。

总之，创新不仅是技术或产品的更新换代，更是思维方式的革命和组织形态的重构。在这一过程中，企业应勇于打破常规，以开放的心态和共享的精神，共同塑造一个更加光明且充满无限可能的商业未来。

02

创新：勇于探索，开辟新路线

谈及创新，我们可能会觉得它有些遥不可及，但事实并非如此。特别是对于创业企业来说，发现并利用创新的机遇是实现突破和增长的关键。那么，如何发现这些创新的火花呢？接下来，就让我们一起探讨几种实用策略。

一是发现问题，寻找差异化。

就像立顿公司发现传统茶叶要么不方便携带，要么冲泡麻烦，于是创新性地推出了袋泡茶，满足了现代人对便捷生活的追求。

二是聚焦细分市场，满足特定用户需求。

比如"足力健"专注为老年人设计舒适的鞋子，满足了这一群体的需求。

三是优化用户体验，增加用户黏性。

亚朵酒店就是一个很好的例子，通过提供热茶等服务，提升了客户的入住体验，让客人感受到家的温暖。

四是跨界融合，打破行业界限。

在数字化和全球化的推动下，行业间的壁垒逐渐消失。例如，智能穿戴设备就是身体监测技术、通信技术和时尚设计的完美结合，为用户带来了全新的使用体验。

五是关注可持续性创新。

可持续性创新是绿色经济的驱动力。随着环境问题的日益严峻，可持续性成为创新的重要考量。企业需要在设计、生产、销售等全链条中融入环保理念，探索循环经济模式。例如，使用可降解材料、开发清洁能源技术等，这不仅能响应社会需求，也是企业社会责任的体现，长远来看更是新的经济增长点。

六是数据驱动的个性化体验。

大数据和人工智能技术的发展，让企业能够更精准地理解用户需求。Netflix的推荐算法就是一个典型的例子，它不仅提高了用户的观看时长，也提升了内容的多样性。

七是巧用微创新。

在快速变化的市场中，研发周期过长可能使企业错失良机。微创新倡导小步快跑，通过频繁的、小规模的改进快速响应市场变化。这要求企业建立灵活的组织结构和文化，鼓励员工快速实验、学习和调整。微信从功能较单一的即时通信工具发展成集社交、支付、娱乐等于一体的超级应用，就是微创新不断累积的结果。

八是营造"创客"文化。

将员工转变为创客合伙人,激发每个人的创造力,共同推动企业的发展。

总之,创新并非遥不可及。只要我们善于发现问题、聚焦细分市场、优化用户体验、跨界融合、关注可持续性创新、巧用微创新并营造创客文化等,我们的企业就更容易在激烈的市场竞争中脱颖而出。

03

创新:以用户为核心,巧施加减法的艺术

在现代商业中,创新如明星般耀眼,引领了时代潮流。创新可分为两大类:一类是突破性创新,如同科技领域的探险家,开拓新技术,如人工智能等;另一类是组合式创新,如巧手裁缝,通过资源重组展现加减法的智慧,

在创新旅程中,我们经常面临这样的选择:是增加新特性,还是简化现有功能。加法意味着扩展,为产品或服务增添新元素,拓宽应用范围;减法则关注精炼,通过简化或剔除,提升效率和用户体验。这两种策略是创新和优化的重要工具,也是创业者成功的关键。

案例分享

巨头们的加减之道

- 亚马逊的加法哲学：从单一的线上书店，到涵盖电子书、音乐、电影乃至云计算的多元化王国，亚马逊的每一次加法，都是向商业版图更辽阔的疆域挺进的号角，最终成就了全球电商霸业。

- 苹果的减法美学：简约而不简单，苹果去芜存菁的设计哲学，在iPhone、MacBook等产品中展现得淋漓尽致。减法策略不仅让产品线条更流畅，而且赋予了用户前所未有的体验，从而使苹果公司在全球科技领域占据一席之地。

- 特斯拉的加法革命：在电动汽车领域，特斯拉以一次次电池技术的突破和自动驾驶的创新为加法，不断刷新行业标准，满足了市场对高性能电动车的渴望，引领了电动汽车行业的未来趋势。

- 宜家（IKEA）的生活方式加法：宜家以其创新的平板包装家具而闻名，但宜家所做的远不止于此。它通过增加儿童游乐区、餐厅，甚至是小型商场内的免费创意工作室，为宜家的用户带来了更加丰富的生活方式体验。

- 星巴克的体验加法：星巴克不只是咖啡厅，它通过增加舒适的座位、免费Wi-Fi等，成功地将自己打造成一个"第三空间"，即除了家和工作场所之外的社交场所。这不仅提升了顾客的忠诚度,也增加了他们在店内的停留时间。

案例分享

胖东来的加减法实践:零售业的传奇之路

胖东来,这个零售业界的传奇,起源于1995年河南省许昌市的一隅,下岗工人于东来与几位同伴以微薄的资金,开启了名为"望月楼胖子店"的创业篇章。仅40多平方米的小店,在1997年蜕变成胖东来烟酒有限公司,并逐步在1999年建立自有的配送网络,大幅提升了物流效率与运营效能,这标志着其在供应链管理上的初步胜利。

胖东来之所以能够在中国零售业中独树一帜,取得巨大成功,其秘诀在于以下几方面。

(1)持续创新与商业模式探索。胖东来不断探索和创新,积极应对和引领消费者需求的变化。它不仅对传统零售模式进行了创新,还优化了供应链,形成了独特的竞争优势。

(2)独特的文化和价值观。胖东来以"公平、自由、快乐、博爱"为核心,致力"让每一位顾客满意",并提出"营造快乐购物家园,提升大众生活品质"的企业使命。这种以人为本的理念体现在企业经营的方方面面,无论是对待员工还是顾客,都充满了关爱和尊重。

(3)本地化经营策略。胖东来根据不同地区的市场需求调整经营策略，展现出强大的灵活应变能力。例如，在北方市场强化对冬季服装和取暖商品的销售，在南方市场聚焦夏季清凉商品的推广，确保在各地市场都能取得成功。

（4）系统化的管理与培训。胖东来注重员工培训和团队建设，将其视为企业持续发展的重要保障。它不仅培养员工的专业技能，还注重员工个人成长和价值观的塑造，构建了一支高度忠诚和高效的团队。

（5）供应链管理与物流效率。早期建立的配送中心为胖东来提供了强大的后勤支持，确保了商品的高效流通和成本控制，进一步提升了企业的竞争力。

（6）利他思维与社会责任。胖东来在经营中融入利他思维，不仅追求利润最大化，更关注顾客、员工及社会的福祉。胖东来积极履行社会责任，支持社会公益事业，赢得了社会各界的广泛赞誉。

在以用户为核心和巧施加减法的艺术方面，胖东来的表现尤为突出。

在以用户为核心方面。

（1）极致服务体验。胖东来深知用户体验的重要性，因此提供了宠物临时存放处、爱心驿站等贴心服务，并在商品上标明产地和进货价，确保信息透明。这些做法超出了传统零售的基本要求，满足了顾客的隐性需求。

（2）定制化商品与服务。胖东来根据消费者需求调整商品结构，如按水果甜度分类、海鲜控水后再称重等。这些微小的细节体现了对用户需求的精准把握和积极响应。

（3）创造情感连接。胖东来通过一系列人文关怀措施，如良好的员工福利政策，提升了员工幸福感，进而传递给顾客，创造出一种情感上的共鸣。顾客愿意支持胖东来，更多的是出于对品牌的认同和情感连接。

在巧施加减法的艺术方面。

（1）减去不必要的成本。胖东来在服务和体验上做足了加法，但在成本控制上也有独到之处。它采用自采为主的采购模式，这样可以减少中间环节，提高效率，降低成本，同时严格筛选供应商，在确保商品质量的同时避免了不必要的浪费。

（2）增加价值而非价格。胖东来不单纯依靠低价竞争，而是通过提供卓越的购物体验、高质量的商品和服务，增加了商品的附加价值。消费者感觉物有所值，自然愿意支付更高的价格。

（3）简化流程，提升效率。在购物环境和支付方式上，胖东来力求简洁高效，减少顾客等待时间，提供便捷的购物体验。这种流程上的减法使顾客能更顺畅地完成购物。

通过这些策略的实施，胖东来在竞争激烈的零售市场中稳固了地位，树立了以用户为中心、注重细节创新和情感连接的行业典范。胖东来的成功证明了真正的创新不仅在于技术或产品的革新，更在于对用户需求深刻理解基础上的全面服务升级和商业模式的优化。

第二篇
心 法

本篇深入探讨"思"与"行"两大核心要素，旨在指导创业者如何通过多维度的思考与高效的行动来创造更大的价值。

"思"：鼓励创业者从不同的思维角度出发，拓宽视野，深化理解，从而洞察市场先机，寻求更大的合作，为价值的创造奠定坚实基础。

"行"：聚焦实际行动，创业者如何采取有利的方式方法，迅速提升自身在行业中的专业地位，成为真正的行家里手。通过有效的行动策略，创业者能够将思考转化为实际成果，实现事业的快速发展。

第六章 "思"

"思"

01

创业思维，胸怀全局，手中有"术"

创业如同下棋，既要有宏观的战略视野，也离不开微观的实操技巧。换言之，创业者应做到胸怀全局，手中有"术"。

在这盘创业大棋中，创业者每走一步都需深思熟虑，既要眼光长远，心中有规划，也要行动稳健，每一步都精准有力。

有全局思维，即创业者要能站在更高的视角，洞察整个市场和行业的动态，绘制发展蓝图。这不仅是要看到眼前的几步动作，更是要能预见未来的发展趋势。有了这样的全局观，创业者方能在激烈的市场角逐中找到自己的位置，制定出适合自己的长远发展策略。

接下来，我们将一同探讨如何将全局思维与具体策略相结合，以目标为指引，利用交换思维、利他思维和无可替代思维，开辟出一条既稳定又高效的创业之路。

一、交换思维：价值交换，共创双赢

在市场营销中，交换思维是一种无形的力量。通俗地讲，就是我这里有的是你所需要的，你那里能提供的正是我想要的，两者交换、结合会产生更好的效果。

交换思维的核心是提供对方认为有价值的事物来达成双方共赢的局面。要运用好交换思维，首先要洞察对方的需求，了解他们的痛点、期望，从而为其提供真正有价值的信息和服务。其次，通过提供吸引人的产品或服务，与对方进行价值交换，增强他们对我们的喜爱度与信任度。最后，与其他品牌或企业建立合作关系，共同开发新产品或服务，实现资源共享和优势互补。

通过运用交换思维，我们可以推动品牌的发展，实现商业上的成功。这不仅能提高客户的满意度和忠诚度，为品牌赢得良好的口碑，还能吸引更多潜在客户，扩大市场份额，提升品牌的市场竞争力。

二、利他思维：舍得利他，赢得市场青睐

利他思维，简单来说就是从对方的利益角度出发，将对方的需求、利益放在首位。利用舍得的大局观，为其提供超越预期价值的服务体验，与对方建立信任关系，从而在激烈的市场竞争中脱颖而出。

要践行利他思维，要做的是通过市场调研、客户反馈和竞争分析等方式来了解对方及其需求。然后，从大局观出发，不拘泥于小的得失，舍得为其提供更具创新性和差异化的产品和服务，建立情感连接，增强他人对我们的认同感。

三、无可替代思维：打造独一无二的市场竞争优势

如何让我们的品牌在众多竞争对手中独树一帜？答案就是无可替代。无可替代思维即"你无我有，你有我优，你优我转"的策略思维。

那么如何运用无可替代思维，打造出独一无二的市场竞争优势？

1. 认识自身的独特之处

每个品牌都有自己独特的个性和价值，关键在于如何发掘并凸显出来。要想在市场中站稳脚跟，则先要了解自己的独特之处。认真分析自身的优势、特点，对比竞争对手，明确自己的差异化定位。只有这样，我们才能在市场中树立无法替代的品牌形象。

2. 创造无可替代的价值

在这个信息爆炸的时代，消费者对产品的需求已经不仅停留在功能层面，更看重品牌带来的额外价值。因此，要想让我们的品牌无可替代，必须创造无可替代的价值。这可以是独特的产品设计、优质的客户服务、个性化的定制体验等。让消费者感受到品牌独具匠心，他们自然会选择与我们携手共进。

3. 传播无可替代的品牌故事

品牌故事是连接品牌与消费者的纽带，好的品牌故事能深入人心，让消费者对品牌产生共鸣。要想传播无可替代的品牌故事，则先要了解消费者的情感需求，把握他们的痛点和期

望。然后，通过生动、富有感染力的语言和视觉元素，向消费者传递品牌的独特价值观和使命，让他们感受到品牌的无可替代性。

4. 持续优化无可替代的体验

在市场竞争中，消费者的需求和期望不断变化，因此，要想保持品牌的无可替代性，就必须持续优化消费者的体验。关注消费者的反馈，倾听他们的声音，及时调整和优化产品、服务，让消费者始终感受到品牌的卓越品质和个性化关怀。这样，品牌才能在市场中保持无可替代的地位，赢得消费者的长久信赖。

总之，在创业的征途上统筹全局，应用好交换思维、利他思维和无可替代思维，这将是创业者手中的不败利器。

02

思维高度，决定事业高度

在商业竞争中，每家企业都像是棋盘上的棋子，而整个市场则是棋盘。然而，真正的高手并不仅仅是那些在棋盘上对弈的玩家，更是那些能够跳出棋盘，从更高的维度来观察和指导棋局的人。这些人具有更高的思维高度，他们不仅能看到当前的市场变化，还能在一定程度上预测未来的发展趋势，从而做出更明智的决策。

全局观：商业不仅是一场竞争，更是一个生态系统。企业需要与供应商、客户、竞争对手甚至政府机构建立和谐的关系，以实现共赢。这种全局性的思维方式有助于企业在复杂的商业环境中找到最佳的定位。

预见性：具有高维度视角的企业领导者能够洞察市场的未来走向，及时调整战略以适应或引领变化。他们不仅关注当前的利润，更注重长期的发展和品牌建设。

创新性：站在更高的思维高度上，企业领导者能够发现新的商业机会，通过创新来打破常规，从而在竞争中脱颖而出。

如何培养这种思维？

第一，持续学习与知识积累。我们可以通过广泛阅读商业、经济、历史、心理学等领域的书籍来拓宽视野。同时，可以通过参加行业研讨会、讲座和培训课程等，了解最新的市场趋势。

第二，多元思考与跨界融合。我们可以尝试从不同行业的角度思考问题，借鉴其他行业的成功经验。同时，鼓励团队成员进行头脑风暴，集思广益，激发新的想法和解决方案。

第三，培养全局观。我们要学会从宏观角度审视问题，不能局限于自身的利益，而要考虑整个生态系统的平衡。在做决策时，也要考虑其对供应商、客户、竞争对手以及整个社会环境的影响。

第四，提升预见能力。我们可以通过关注行业动态和技术发展趋势，预测未来可能出现的变化。同时，可以通过模拟演练和情景规划，提高对未来情境的敏感度和应对能力。

第五，勇于创新与实践。我们要鼓励团队成员提出创新性的想法，并给予资源和支持，帮助其实现。同时，可设立创新基金或实验室，专门用于探索新的商业模式和技术应用。

如何应用这种思维？

第一，战略规划与决策制定。我们在制定企业战略时，要用全局观和预见性思维来评估不同方案的长期影响。在决策过程中，要综合考虑各方利益，力求达到共赢的局面。

第二，市场开发与产品定位。我们要利用创新性思维来开发新产品或服务，满足市场的潜在需求。同时，通过深入了解客户需求和行业趋势，精准定位产品或服务，以获取人心和市场。

第三，团队建设与人才培养。我们要组建具有多元背景和技能的团队，以促进跨界融合和创新思维的产生。同时，为团队成员提供培训和发展机会，帮助团队成员提升思维高度和解决问题的能力。

第四，危机管理与风险控制。我们要运用预见性思维来识别潜在的危机和风险点。同时，制定灵活的应对策略和预案，以应对不确定性和突发事件。

通过持续培养和应用这种更高维度的思维方式，我们将能够更好地适应商业环境的快速变化，抓住机遇，应对挑战，从而实现事业的高速发展。

03

降维打击思维——打破市场格局

小说《三体》给我们诠释了多维空间，高维度的生命体直接影响甚至改变低维度世界。这就是高维度对低维度的打击。

用更高维度的视角来看问题，一切将变得非常简单、清晰。下面我们重点聊聊如何使用降维打击思维来打破市场格局。

降维打击思维的核心在于跳出传统的竞争框架，从更广阔的视角审视问题。这不仅要求我们具备跨学科的知识，还需要我们能够快速适应变化，不断创新。在实际应用中，企业可以通过以下几个步骤来实现降维打击。

第一，市场洞察。深入了解市场趋势和消费者需求，识别潜在的增长点和机会（商业时代的发展历程与展望）。

第二，技术融合。将最新技术与现有业务模式相结合，创造新的服务或产品。

第三，创新思维培养。鼓励团队从不同角度思考问题，打破常规，寻找创新的解决方案。

第四，资源整合。有效整合内外部资源，形成协同效应，

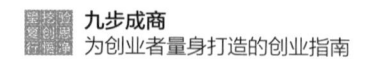

提高竞争力。

第五，持续学习。保持对新知识的渴望和学习，以适应快速变化的市场环境。

通过这些步骤，企业可以在竞争中占据有利地位，实现从传统竞争到降维打击的转变。这种转变不仅能够为企业带来短期的竞争优势，更能够构建起难以被模仿、超越的核心竞争力。

总之，降维打击思维的核心在于超越常规竞争维度，以前瞻性的视野和创新的策略来重构市场格局。这要求企业不断自我革新，勇于探索未知领域，从而在激烈的市场竞争中开辟出一片蓝海。

04

与人合作，不予竞争的思维

合作不只是代表一般的商业合作，我们需要更广泛地理解合作的概念。

打开成功合作的关键是要有开放与放松的心态、包容与理解的胸怀、高维度的视角、前瞻性的眼光、敏锐的商业嗅觉。

第一，开放与放松的心态。真正的合作始于心态，我们应该摒弃"一次成败论英雄"的观念，以更放松、开放的心态面对每一个合作机会。不因失败而气馁，也不因成功而自满。这种心态有助于我们和别人建立更深厚、长久的合作关系。

第二，包容与理解的胸怀。在合作中，摩擦和冲突在所难免，关键在于我们如何处理这些冲突。我们应学会换位思考，站在别人的角度去理解问题，这是培养合作能力的重要一环。只有真正理解和尊重别人，才能找到大家都能接受的解决方案。

第三，高维度的视角。要培养合作能力，需要我们学会从更高的维度、更宽广的视野去看待问题。这意味着我们不仅要关注自己的利益和需求，还要关注整个合作生态链的健康和可持续发展。只有这样，我们才能做出更明智、更有远见的决策。

第四，前瞻性的眼光。在选择合作伙伴和项目时，我们需要具备前瞻性的眼光，不仅要考虑当前的需求和利益，还要考虑未来的发展趋势和潜在机会。这种眼光有助于我们抓住更多的合作机会，实现更大的成功。

第五，敏锐的商业嗅觉。要培养合作能力，还需要我们具备敏锐的商业嗅觉。这意味着我们要能及时发现和抓住合作中的商业价值，将其转化为实际的合作成果。这种嗅觉不仅需要我们具备丰富的商业知识和经验，还需要我们具备敏锐的观察力和判断力。

无论是个人、团队还是企业，只要大家心态开放，互相理解和尊重，不站在彼此的对立面，共同创造更大的价值，就能够一起创造美好的未来。

第七章

"行"

"行"

01

除了实干,一切都是假的

我们要因"内卷"而选择"躺平"吗?

决不!

我们不应该因为害怕荆棘,而失去挑战的勇气,待时光流逝,再追悔莫及。

人这一生,要和同频的人在一起,和灵魂有趣的人在一起,和正能量的人在一起。因为他们的存在如同阳光一般,能够照亮我们前方的道路,让我们充满希望。无论是在事业上还是生活中,与这些人相伴,我们的步伐都将更加坚定,视野也将更加开阔。

有些人或许会因为社会竞争的压力而选择"躺平",但真正的成就从来都不是等来的,而是需要我们亲手创造、实践。实实在在的付出和努力,才是实现梦想的唯一途径,任何表面的、虚假的努力,在最终的结果面前都会显得那么无力和空洞。

案例分享

台塑集团创始人王永庆的经历

台塑集团创始人王永庆的米店故事就是一个生动的例证。起初，仅凭借微薄的资金，王永庆在竞争激烈的市场中选择了最朴素的开始。他没有被困境击垮，反而以创新和细致的服务脱颖而出。亲自筛选米粒，上门配送并贴心记录顾客需求，甚至细致到清理米缸，王永庆用实际行动诠释了什么是超越顾客期待的服务。正是这份坚持与用心，让他的米店从巷弄角落逐步成长为市场的佼佼者，也为他日后的商业帝国奠定了基石。

案例分享

福耀集团创始人曹德旺的经历

福耀集团创始人曹德旺也是一位典型的实干家。他出生于一个贫寒的家庭，从事过各种艰辛的工作。但他没有放弃，敏锐地捕捉到了市场的机遇，通过不断的努力和创新，最终打造了属于自己的玻璃王国。他的成功，不仅是因为他的市场洞察力，更是因为他的实干精神和不懈的努力。

他们的故事告诉我们，无论起点如何，只要脚踏实地、不断创新、以顾客为中心，就没有克服不了的困难。行动，永远是最响亮的语言。

02

身先足以率人，律己足以服人

在全身心投入事业的征途中，个人的坚毅与热情能形成强大的感染力，不仅能照亮自己的前行之路，更能激励团队勇往直前。身为领路人，身先士卒、严于律己是不可或缺的品质。以下便是一些关于如何带领团队、提升行动力并有效控制风险的建议。

一、行动力的构建

（1）目标与计划：明确方向，与团队共同制定战略目标和阶段性计划，适时调整。

（2）应用模型：进行顶层设计、商业模式底层设计等。

（3）方法论：通过"望""挖""验"，确保计划的可行性。

（4）前期筹备：确保团队分工明确，顶层设计科学，执行条件完备，资金与风险控制得当。

（5）筹码应用：在谈判中，了解对方需求，塑造不可抗拒的筹码，运用名、利、权，保持良好的心态。

（6）有效行为：要确保有目标、过程、结果和总结，避免无效劳动。

（7）勤奋习惯：勤奋是成功的关键。

（8）有效复制：研究成功企业的商业模式、销售、管理与市场复制能力，并有针对性地效仿。

二、行动力的落实

（1）日常总结：初创企业应组织员工进行每日总结，并布置次日工作，以便根据实际情况调整计划。

（2）岗位与职责：明确分工与权责，避免后期管理混乱。

（3）风险控制：识别内外风险，制定应对措施。

（4）会议效率：初创企业应高效开会，明确议题和时间，避免造成资源浪费。

三、风险控制与应对

（1）内因风险：股权架构不合理、管理混乱等。

（2）外因风险：市场不成熟、营销模式不完善、同业竞争、品牌宣传与舆论问题。

身先士卒，律己服人，行动力的提升是一个系统工程，涉及战略规划、团队建设、谈判技巧、日常执行、风险管理等多个维度。每一步的精进，都是向成功迈进的一大步。

03

做事要有轻重缓急，让时间变得更加高效

高效利用时间成为每个人追求的目标。史蒂芬·柯维在其经典著作《高效能人士的七个习惯》中引入了"时间四象限"这一理念（见图24），为有效的时间管理提供了框架。通过将任务按照重要性与紧急性两大维度分类，我们能够清晰识别并优先处理关键事项，使时间价值最大化。

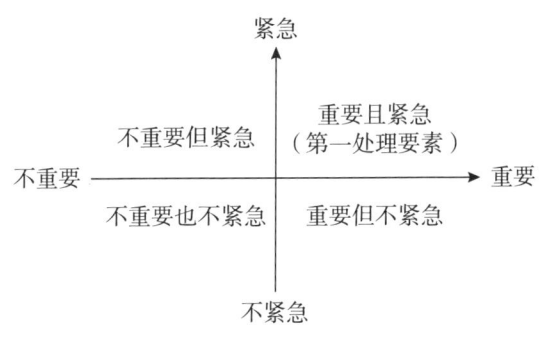

```
                    紧急
                     │
       不重要但紧急    │   重要且紧急
                     │  （第一处理要素）
  不重要 ─────────────┼─────────────→ 重要
                     │
       不重要也不紧急  │    重要但不紧急
                     │
                    不紧急
```

图24　时间四象限

时间四象限将任务分为以下四个类别。

第一，重要且紧急的任务。这类任务需要立刻处理，对达成目标影响巨大。例如，突然发生的服务器宕机，需要立即修复以避免数据丢失；第二天就截止提交的重要项目报告，当天

必须完成。

第二，重要但不紧急的任务。这类任务对达成长期目标至关重要，但不需要立即完成。例如，制定个人五年职业发展规划；学习新的编程语言以提升职业技能；定期与行业内专业人士联系。

第三，不重要但紧急的任务。这类任务需要立即回应，但对达成个人目标的帮助不大。例如，回复一封紧急但内容并不重要的邮件。

第四，不重要也不紧急的任务。这类任务既不紧急也不重要，通常是消遣活动。例如，无目的地使用社交媒体；观看一部自己不是特别感兴趣的电视剧。

通过理解和应用时间四象限，我们能够在面对生活与工作的复杂挑战时，做到有的放矢、事半功倍。其中的关键在于学会辨识任务的轻重缓急，灵活调整策略，让每一分每一秒都能产生最大的价值，最终达到生活与事业的高效平衡。

以下是企业应用时间四象限的举例。

第一，财务与权力（重要任务）：涉及资金流（投资、收支）、风险管理等，是企业运营的核心。

第二，人力资源（紧急任务）：涉及员工管理、客户沟通、合作伙伴沟通等，需快速响应以维持日常运营。

下面来做一个小测试。

当你一个人在家，孩子在哭，电话响了，有朋友敲门，水槽水满了，屋外突然下雨要收衣服，水烧开了燃气还没关，这六件事在同一时间发生,你会怎么做?

我们可以利用变通思维进行时间的统筹安排,让"1＋1＞2"。例如,我们可以先抱起孩子,再打开门,让朋友进来帮忙关燃气、关水和收衣服,自己接起电话。让时间叠加,效率将成倍提升。

04

成为行家里手:专才与通才的创业之道

创业者大致可分为两类:专才型与通才型。这些创业者各具特点,以不同的方式影响着整体的商业格局,其中不乏像张一鸣、马云、黄峥这样的杰出代表。

第一,专才型创业者。

张一鸣作为字节跳动的创始人,以其深厚的技术背景和对算法的深刻理解,成功打造了抖音、今日头条等现象级产品。他专注技术创新,通过精准的内容推荐算法,改变了用户获取信息的方式,展现了专才型创业者如何利用专业深度推动行业革新。张一鸣的成功在于他不仅是一名程序员,更是技术趋势的洞察者和应用者,他深谙技术如何服务用户体验,从而在全球范围内掀起了一场信息消费的革命。

第二,通才型创业者。

相较于专才型创业者，通才型创业者的优势在于广泛的知识结构和卓越的资源整合能力。阿里巴巴的马云就是一个典型的通才型创业者的例子。马云并不精通编程或具体技术，但他对市场趋势有着敏锐的洞察力，擅长战略规划和团队激励，将互联网技术与传统贸易完美融合，开创了电子商务的新纪元。马云的成功在于他能够跨越行业界限，整合资源，引领企业走向全球化。

第三，通才与专才的融合。

黄峥的创业之路则融合了专才与通才的特质。技术人员出身的他，对电商模式有独到见解。同时，黄峥在拼多多的发展中展现出强大的市场洞察能力和资源整合能力。他利用社交网络的力量来创新社交电商模式，实现了用户和商品的快速匹配，体现了既深谙技术又懂市场运作的综合能力。

不论是专才型还是通才型创业者，成功的创业者都具备不断学习、勇于创新和善于整合资源的特质。在创业的征途中，重要的是认清自身优势，不断打磨自己的核心竞争力，同时学会借鉴他人经验，灵活运用适合自己的策略。

无论是专才型还是通才型创业者，都需要具备创新精神、坚韧不拔的毅力和敏锐的市场洞察力。成为行家里手并非一蹴而就，而是需要长时间的学习、实践和积累，更需要我们掌握一些方法与技巧才能成功。

在创业的征途上，每位创业者都像是武林中的修行者，面临着重重挑战与未知。若要破茧而出，不妨从武术哲学中汲取灵感，特别是李小龙的"截拳道"与金庸笔下的"北冥神功"。

第一，"截拳道"。李小龙创立的"截拳道"，强调实用、直接、简单，不拘泥于形式，旨在快速有效地击中目标。对于初创企业，这意味着要将焦点放在解决用户最本质的需求上，而非沉迷华而不实的产品功能堆砌。就如同设计一款产品，核心是让用户在几秒内就能感受到它的价值，而非让用户迷失在复杂的操作步骤中。创业者要理解、运用"简约之美"，用最少的投入换取最大的市场反响。学会做减法，用最少的资源实现最大的价值，这是"截拳道"给予创业者的启示。

第二，"北冥神功"。"北冥神功"出自金庸的小说，其精髓在于吸纳百家之长，转化为自身修为的特性，寓意包容与转化的力量。对于创业者来说，这意味着要保持一颗开放的心，主动学习周围的一切。不论是竞争对手的策略、行业先锋的经验，还是其他领域的创新思维，都是宝贵的养料。成功或失败，皆是成长的阶梯，创业者应如练习"北冥神功"般，善吸善化，将这些经历转化为自身发展的动力，不断创新，不断超越。

通过融合"截拳道"的精炼与"北冥神功"的包容，创业者更易在创业之旅中既保持行动的敏捷高效，又不断吸取外界精华，最终在激烈的市场竞争中脱颖而出，成为行家里手。

第三篇 心 境

创业征途挑战重重，当心力交瘁时，创业者需保持大海般的包容与深邃。悟透人生，胸怀若水，把握分寸，稳健前行。洞察世间万物，超越纷争，以无私利他之心，吸纳新知，最终达到内心的平和与自由。

"悟"自苦难，需把握分寸，方可稳健前行。

"净"由心生，需胸怀若水，方可和解自由。

第八章
"悟"

"悟"

01

凡人开悟：胸怀若水，创业路上把握分寸

开悟是一种深刻的自我认知，它要求我们在行动中既不急功近利，也不好高骛远。正如《道德经》所言："上善若水，水善利万物而不争。"水以其柔和而包容的特性，滋养万物而不与之争锋，这正是创业者应有的态度。

在创业这场没有硝烟的战役中，开悟并非虚无缥缈的心灵觉醒，而是对市场规律的深刻洞察、资源配置的高效运作、利益关系的微妙平衡以及对风险的敏锐感知。这要求创业者既要有进退自如的策略，也要具备不急不躁的心态，既不盲目追风，也不轻言放弃，坚持在学习中成长，在实践中稳健前行。

《分寸的本质》一书，以其朴实无华的阐述，揭开了人际交往与商业谈判中分寸把握的面纱。书中提到，分寸不仅是外在的礼貌表现，更是内心深处对对方的尊重与理解的体现。通过真诚的倾听和共情，建立相互尊重的合作关系，是提升商业合作成功率的关键。

对于初创企业，分寸的精准拿捏直接关系到企业的生死存亡。我们必须在每一个决策点上谨慎地权衡，避免因冒进而翻船。这意味着，面对看似诱人的项目，我们要先进行充分的市

场调研与风险评估，而非仅凭一时冲动做出决定。

在团队组建上，选择正确的伙伴如同挑选战场上的盟友，重要性不言而喻。团队成员不仅需要具备专业技能，更重要的是价值观的契合与目标的一致性。价值观的分歧往往是团队内部冲突的根源，可能导致项目停滞不前。因此，基于共同愿景和互补能力的团队构建，是创业初期的重要保障。

实践中，分寸体现在方方面面：从产品设计需直击用户痛点，到营销策略需适度不过火；从融资谈判中寻求最有利条件，到日常管理中保持适度的权威与亲和。创业者需在每一个环节上，既不保守也不冒进，找到最适合自己的节奏和力度。

作为创业者，我们需要时刻提醒自己，只有胸怀若水，把握好每一次决策的分寸，才能在激烈的市场竞争中脱颖而出，实现自己的梦想。

02

三个字让我想了三年，受用一生

我生命旅途中的一位贵人，总是给人一种沉稳、内敛的感觉。早些年，我经常听到他说"很正常"，这三个字似乎成了他的口头禅。无论遇到什么事情，他总是能以一种超然的态度看待，仿佛一切都在他的掌控之中。

对于他的这种态度，我曾经感到非常困惑。为什么在他眼里一切都变得如此正常？有一天，我终于忍不住向他发出了疑问。

他微笑着看着我，眼神中透着一股深邃的力量。然后说道："你看啊！一个人能把一件事情做成，说明他事先做了很充足的准备，规避了很多风险，有了万全的对策，并通过不懈的努力把这件事情做好。那你说，他把事情做成了，是不是很正常呢？反之，你不做充分的准备，不付出努力，一碰到问题就一味地退缩，找各种理由与借口，那失败是不是也很正常呢？"

听到这里，我恍然大悟。原来，"很正常"并不是他对事情的轻视或无视，而是他对事物本质的深刻理解。他强调的是一种客观的态度和理性的思考，让我们能够更加清晰地认识自己和周围的世界。

03

吵 架

在我和妻子决定共度余生之前，我们曾有过一次深入的对话。我坦诚地告诉她，我无法保证婚后完全不与她发生争执。

因此，我希望我们能共同遵守三个约定，以确保我们之间的关系始终稳固。

第一，无论何时发生争执，我们都必须各自冷静两小时。在这段时间里，我们不会互相指责或发表任何言论，而是静下心来独自思考，梳理自己的情绪。

第二，无论争执多么激烈，我们都不能翻旧账。我们要时刻铭记过去的美好回忆，携手共同面对问题，而不是让过去的错误影响当下的决策。

第三，无论何时发生争执，我们都不能惊扰父母（如果将来有了孩子，我们也绝不在孩子面前争吵）。头脑发热的时候，不做任何决定，不说决绝的话。

我们有不同的家庭背景和成长环境，对事物的看法自然会有所不同。争吵或许是相互了解和磨合的一种方式，但通过平静的交流和倾听，我们可以更好地理解对方的底线和需求，设身处地地为对方着想，避免猜忌和误解。

她向我提出：只要不欺骗、不背叛，愿与我携手一生。我深深感动于她的坦诚和信任，也愿意与她一起守护这份来之不易的情感。

结婚十多年来，我们一直坚守着这些约定。虽然有时会有分歧和争执，但我们始终能够平静地处理问题，相互尊重、理解。这些约定不仅帮助我们化解了许多潜在的矛盾，更加深了我们之间的情感纽带。

04

幸 福

电视剧《卫子夫》中有一句话:"世事皆有机缘,不争、不显、不露,若没遇上便也甘之如饴。"

不争,即选择善良,不刻意争夺,尊重他人。

不显,即不夸夸其谈,保持低调,深藏不露。

不露,即不炫耀自己,等待时机,一鸣惊人。

善良和退让:卫子夫深知世事有机缘,不刻意争夺,选择善良与退让。这既体现了一种对他人的尊重,也承认了别人的劳动和价值。这种善良和退让的态度对于个人的成长和发展非常重要,也是建立良好人际关系的基础。

胸怀和自信:不争还体现了一种胸怀、一种自信。争是因为不自信,怕别人拿走。拥有宽广的胸怀和自信是一个人成功的关键。

智慧和内敛:有智慧的人身怀绝技而深藏不露,绝不到处炫耀,而是等待时机一鸣惊人。内敛和谦虚是一种非常宝贵的品质,能够让人更好地适应环境,建立良好的人际关系。

幸福,是身心的宁静与欢愉,是家庭的和谐与温馨,是父母慈爱、子女孝顺的亲情交织,是生活中那一份平淡而真实的满足。在这个喧嚣的世界里，我们需要的不仅是物质的富足，更是心灵的安宁。

再大的房也就选一榻而憩，再豪华的车也是代步工具，再美丽的容颜终究也会随着岁月的流逝而失去昔日的光彩。生活中的新鲜感或许能带给我们一时的刺激与激情，但久而久之，它也会变得索然无味（灾难的导火索）。

家庭能够为我们提供情感上的支持和心灵上的慰藉，使我们在面对外部挑战时保持积极的心态和稳定的情绪。善良、退让、自信和内敛等品质，既是建立良好人际关系的基础，也是创业成功的重要因素。这些品质的培养和展现，往往与家庭的熏陶密不可分。

创业是一项充满挑战和风险的事业。在创业过程中，创业者需要承受巨大的压力和不确定性，这往往会对我们的心理状态产生负面影响。然而，家庭可以成为我们坚强的后盾，为我们提供支持。这种支持不仅有助于我们保持积极的心态，还能激发自身的勇气和毅力。

第九章 "净"

"净"

| 第一篇 招式 | 第二篇 心法 | **第三篇 心境** | "净"

01

境·境——创业者的心路历程

创业是一条孤独且充满挑战的道路。我们并非天生就拥有创业的能力，尤其在起步之时，技术空白、经验匮乏、人脉稀缺、资金短缺等，每一步都像是在无垠的荒漠中跋涉，伴随着无尽的困惑与煎熬。逆境中的孤独与无助如同重压，考验着每一个追梦者的意志与坚韧。

穿越荒漠，迎接我们的并非坦途，而是另一番景象——茂密的森林。这里竞争激烈，世态炎凉。因此，学会生存的技巧，攀登事业的高峰，便成为人生的新课题。而这座高峰，象征着创业征途中的又一道难关，途中的分岔口不断，是对坚持与选择的深度拷问。遗憾的是，多数创业者止步于此，未能登顶。

即使我们闯过了沙漠，走出了森林，甚至翻越了高峰，也仍有可能陷入草原的诱惑。在事业上取得一些成就后，我们往往容易忘记初心，最终导致家庭破裂或事业崩塌。因此，抵达草原时，我们更要保持内心的那份纯净与淡泊，如宁静的湖水，不起波澜。

再远的旅程，终将指向内心的归宿。"大海境"是心灵的最高境界，象征着无限的包容。经历过风雨，见识过世界的宽广，方知海纳百川的意义，无论顺境还是逆境，皆能以平和之心相待。正如"一沙一世界，一叶一菩提"，世间万物皆有其存在的价值与奥秘，值得我们以谦卑之心去学习、去领悟。

每个人的心境都会经历不同的阶段。在"沙漠境"中，我们学会在困境中寻找出路；在"森林境"中，我们学会在复杂的环境中洞察秋毫；在"高峰境"中，我们追求挑战和胜利；在"草原境"中，我们面对诱惑需回归本心；在"镜湖境"中，我们学会保持宁静；最终在"大海境"中，我们学会包容和无量。

一、心如"沙漠境"

我们每个人都是孤独的旅行者。在无边无际的沙海之中，前方无路，回头又是无尽的沙丘，孤立无援，我们会感到绝望。

在我们正式开启人生的旅途后，也许会遭遇沙尘暴和炙热。但是，不要放弃，坚信只要心中有梦想，就能战胜一切困难。

在"沙漠境"中，我们要学会如何找到水源，如何在烈日下保护自己，如何在沙丘间寻找前进的方向。遇到的每一次挫折都让我们变得更加坚强，更加勇敢。终有一天，我们会在沙漠中发现一片绿洲。

二、心如"森林境"

林深则鸟栖,水阔则鱼游。此中藏有万象,需心细如发,洞察秋毫。

这里有猛虎独行,亦有狡兔三窟。淡水蜗牛,看似无害,实则潜藏危机。更有猎人假面藏匿,真假难辨。

这是一种对大自然的敬畏,对生命的珍视。每一寸土地,每一片叶子,都诉说着属于它们的故事,它们是生命的交响乐,是自然的赞歌。

这是我们的丛林,我们的世界,需要我们勇敢前行,解开束缚,去感受那无尽的生命奇迹。

勿忘初心,莫失本性。保持清醒,勿让这片"森林境"腐烂于我们的心中。

三、心如"高山境"

这是一种对挑战的追求,一种对胜利的渴望。当你站在高山的巅峰上,俯瞰着下面的云海和群山,感受着风从指缝中穿过,你仿佛能够触摸到天空。你走过了险峻的山路,跨越了心理和身体的障碍,终于站在了这里。

你可以俯瞰世界,征服它。

建议不要站得太高,太高容易飘,也容易跌倒,心境到达就可以了。

四、心如"草原境"

这是一种无拘无束的向往,一种对自然和生命的热爱。草原如同一个神奇的舞台,上演着生命的奇迹和多姿多彩的故事。自己便是这舞台上的主角,我们要用激情和梦想,诠释草原的壮丽与神秘。

自然是本,心本自然。

看开了,看透了,便可以像雄鹰一般,在广阔的草原上自由地翱翔。

五、心如"镜湖境"

"镜湖境"并非遥不可及的幻境,而是蕴藏在每个人内心深处的宁静之地。它如同平静的湖水,倒映出我们内心的模样,让我们在喧嚣的世界中找到自我,感悟生命的真谛。

生活本就如同一面镜子,反映出我们的内心世界。湖面会倒映出我们的影子,我们的每一个微笑、每一个眼神,都被湖面小心翼翼地珍藏。我们向它微笑,它也向我们微笑,那是我们心中的倒影,也是生活的写照。

六、心如"大海境"

心如"大海境",海纳百川,有容乃大,波澜不惊。

这是一种宏大的境界,一种包容万物的心态。就像大海一样，它接纳百川，无论是清澈的溪流还是浑浊的江水，都能融入其中。它包容着一切，因为它知道，只有接纳才能带来真正的改变。

人生就像大海一样，有时平静如镜，有时波涛汹涌，但只有保持内心的平静，才能应对人生的各种挑战。

在这个广袤无垠的宇宙中，每一个微小的细节都蕴含着无穷的智慧和力量。我们不要忽视任何一个存在，因为在它们之中，也许就隐藏着改变世界的力量。

02

九步成商四重境界

尽管《雪中悍刀行》与本书讲述的是截然不同的两个世界——前者是江湖，后者是商业战场，但它们共同揭示了成长的阶梯，即不同层次的境界。

在《雪中悍刀行》里，自下三品至一品四境，每一步都是对力量与悟性的考验，通过实战与苦修，逐步逼近武道巅峰。而在本书中，商业思维的进阶则被划分为心如"流水境"、心如"高山境"、心如"宇宙境"及心行如"净境"四重境界。

一、心如"流水境"——利他之心

《道德经》有云:"上善若水,水善利万物而不争。"水,至柔至善,它滋养万物,却从不争强好胜。在商业世界中,这代表着一种无私、利他的思维方式,只有真正站在他人的角度考虑,才能赢得更广阔的市场和人心。

二、心如"高山境"——超越纷争

"会当凌绝顶,一览众山小"。高山之巅,视野开阔,站在峰顶,心胸也随之宽广。这一境界鼓励我们要拥有高远的志向,同时保持淡泊名利的心态,不卷入无谓的争斗。在商业竞争中,这意味着要有大局观,不纠结一时的得失。

三、心如"宇宙境"——吸纳万物

宇宙浩渺无垠,包容一切。达到这一境界的人,内心如同广袤的宇宙,能够接纳各种思想和观点。在商业领域,这代表着创新和包容,能够洞察市场变化,及时吸纳新知,保持与时俱进。

更重要的是,这样的人能够感应到生命中的万有引力。他们相信,只要保持积极的心态,就能吸引到同频的美好事物。这种正能量不仅影响自己,还能感染周围的人,形成一正向循环。

四、心行如"净境"——无欲则刚

无象即无形无相,超越物质和欲望的束缚。达到心行如"净境"的人,内心纯净无杂念,能够洞察事物的本质。在商业世界中,这意味着不被短期利益诱惑,坚守初心和原则。无欲则刚,只有放下执念和欲望,才能做出更明智的决策。

无论是武道的精进还是商业的智略,乃至人生的每一个阶段,关键在于心态的调整与内在的修为。当我们学会以无私之心服务他人,以宽广之怀拥抱世界,以开放之态吸取智慧,以纯净之心面对自我,便能在各自的道路上达到真正的卓越与自由。

03
提升境界的辅助道具

我们常常面临各种挑战,这些挑战有时会让我们变得焦躁不安。为了提升我们的境界,更好地应对生活中的种种困扰,以下是一些建议,它们就像辅助道具一样,可以帮助我们保持内心的平静与坚韧。

一、心灵的静谧之旅：拥抱平静

在这个纷扰的尘世间，让一颗焦灼的心回归宁静是对生活最温柔的致敬。我们可以尝试在忙碌之余，寻片刻的闲暇，关闭电子设备，闭目养神，让心灵沉浸在纯粹的平和之中。你会发现生活中的细微之美，如晨曦的第一缕阳光，窗外的清脆鸟鸣，甚至是清新的空气，一切都是那么令人沉醉。这份由内而外的宁静，是给心灵最好的滋养，让我们的生活更加充实与和谐。

二、痛苦的探源与解脱

痛苦是人生不可避免的。要解开痛苦的枷锁，首先需洞察其本源。痛苦可能源自身体的不适、心灵的创伤，或是人际关系的纠葛。再如是想得太多、要得太多、个人偏见太多。我们可以通过自我反思，少些念头、少些欲望、少些抱怨，逐步走向内心的解脱与自由。

三、孝善为本，抵御诱惑

"百善孝为先，万恶淫为首"。这是古训，也是现代社会道德的基石。孝顺不仅体现了对父母的尊重与感激，也是个人品德的体现。在快节奏的生活中，保持家庭的和谐与孝顺之心，是大部分成功人士的共有特质。抵制过度的欲望也是维护个人尊严和社会秩序的关键。历史与现实反复证明，那些因放纵而迷失方向的人，终将自食其果。

四、诚信：灵魂的纯净之源

欺诈是心灵的蛀虫，侵蚀着人与人之间信任的桥梁。它不同于偶尔的善意隐瞒，而是一种腐蚀人性的毒素，扭曲了真诚与正直。选择坦诚，即使面对错误也能勇敢承认并改正，这是君子的风范。诚信如同明灯，照亮彼此的内心，让交往变得简单而温暖。它提醒我们，每一次的真诚相待，都是在为自己铺设一条光明之路，让人生之旅更加顺畅无阻。

五、不负韶华：珍视生命中的每一份礼物

生命是一场单程旅行，不可复制，也不可重来。因此，我们要珍惜每一刻，不要让任何一个机会悄然溜走。家庭作为我们的港湾，值得我们倾注所有的爱与关怀。在亲情的灌溉下，我们将学会如何去爱，也将被爱。亲情、爱情、友情，每一份关系，每一次努力，都是生命乐章中的动人旋律。对爱情勇敢追求，对事业全情投入，用善良温暖周围，以持续的上进心自我鞭策，这些都是我们不负此生的证明。

提升个人境界的过程，实际上是一场心灵的修行，需要我们在平静中找寻自我，在面对痛苦时不逃避，在孝善与诚实中巩固人格，在珍惜与感恩中活出生命的精彩。每一步前行都是对美好生活的不懈追求与实践。

致　谢

　　我要向一直以来给予我无尽包容、深沉关爱、坚定支持与透彻理解的家人、朋友、同事等，表达我最真挚的感激之情，是您们的一路陪伴与无私援助，让我能够勇敢地面对挑战，坚定地走到今天。这份深情厚谊，我将永远铭记在心。

　　在此，我要特别感谢以下这些杰出之士，您们在我人生的道路上留下了深刻的印记。

　　第一位是孙钱章教授。十多年来，您对我的悉心指导和谆谆教诲，让我受益终身。您的博学和睿智如同明灯一般，照亮了我前行的道路。您在学术和管理方面所取得的卓越成就，不仅是我学习的楷模，更是我不断前进的动力源泉。对于您的关怀与指导，我将永远铭记在心，感激不尽。

　　第二位是于淼。在本书的创作过程，您以独到的见解为我提供了宝贵的建议，以热情的互动对我的工作进行了鼎力支持。在复杂多变的投资领域，您的智慧是我宝贵的财富。

　　第三位是刘法园。您凭借扎实的学术背景和创业经验，为我提供了多方面的启发和帮助。您的创新精神和坚韧不拔的毅力，深深感染着我。

致　谢

第四位是陈琳。当年您说的"大学就是大大地学,不设限,博览群书,大胆尝试",让我至今记忆犹新,激励我奋勇向前。现在我在"社会大学"实践中依然坚持不断突破。您的才华和智慧为我提供了宝贵的支持和建议,您的专业精神和敬业精神是我学习的榜样。

第五位是寇浩昌。您的成功经验和领导才能对我产生了深远的影响,激励我不断追求卓越。您的敏锐市场洞察力和高效执行力让我深受启发。

第六位是叶小云。您在清华大学推动校园创新文化,又在晋中信息学院传授创业智慧,培育了众多创业新星。您不仅是青年人的引路人,更是科技创新的推动者,为健康中国、电子商会等做出了贡献。您的丰富经历与辉煌成就,让我深感敬佩,并视您为楷模。

第七位是金昊。您在中央财经大学深造的过程中所展现出的才华和潜力令人期待。我相信在未来的日子里,您定能取得更加辉煌的成就。

第八位是张玉民。您以心理学的专业知识和深刻见解为我提供了宝贵的支持和建议,您的敏锐和坚韧让我更加坚定和自信地面对未来。

第九位是李莹。您以卓越的管理才能和创新精神,在HICOOL海高创新项目中取得了显著的成绩。您的成功经验和领导才能,对我影响深远。

最后,我还要感谢河南大学"集思社团"的好伙伴们,你们的善良和慷慨让我深刻体会到了人间的温暖和美好。在未来的日子里，我将以更加坚定的步伐和更加饱满的热情勇往直前，不负众望。

洪焕宇

2024 年 12 月